Johannes Grassl

Lebe.Deinen.Traum.

Johannes Grassl

Lebe.Deinen.Traum.

Ausstieg aus dem Hamsterrad

Mit einem Vorwort
von Walter Kohl

Verlag | Alles, was Sinn macht!

Bibliografische Information der Deutschen Nationalbibliothek
Die Deutsche Nationalbibliothek verzeichnet diese Publikation in der
Deutschen Nationalbibliografie; detaillierte bibliografische Daten
sind im Internet über http://dnb.d-nb.de abrufbar.

2. Paperbackauflage 2017
ISBN 978-3-86506-872-9
© 2014 by Joh. Brendow & Sohn Verlag GmbH, Moers
Einbandgestaltung: Brendow Verlag, Moers
Titelfoto: luckyImages fotolia
Satz: Brendow Web & Print, Moers
Druck und Verarbeitung: CPI – Clausen & Bosse, Leck
Printed in Germany

www.brendow-verlag.de

Friedhöfe sind die reichsten Plätze unseres Landes!
Jede Menge unerfüllter Träume,
Sehnsüchte und Lebenspläne liegen dort begraben.
Zu viele Menschen, die gelebt wurden, statt selbst zu leben.
Erfülltes Leben aber beginnt mit unseren Träumen.
Wir brauchen eine neue Idee, wofür wir leben wollen!

Inhalt

IV. MARATHON STATT ZWISCHENSPRINT

Vorwort

„Wenn ich noch einmal anfangen könnte ..." So beginnt ein Kapitel in diesem Buch und zeigt zugleich das zentrale Anliegen von Johannes Grassl auf: Lebe das Leben, das zu dir passt, sei du selbst – kurz „Lebe deinen Traum." In diesem Kapitel beschreibt ein beruflich erfolgreicher Mann, wie er viel zu oft in seinem Leben die falschen Kompromisse gemacht hat, wie er sich von übertriebenem Sicherheitsdenken, von der Last gefühlter Verantwortung hat leiten lassen, statt seine eigenen Interessen und Bedürfnisse die Führung seines Lebens übernehmen zu lassen.

Das klingt bekannt, oder? Kennen Sie dieses Gefühl auch? Ich kenne es (leider) nur zu gut. Und dann leuchtet dieser Gedanke in uns auf: Leben wir nicht manchmal zu wenig und werden allzu sehr von den Umständen, den Erwartungen anderer Menschen gelebt? Haben wir den Mut, unser Glück und unsere Lebensfreude in Freiheit und Verantwortung zu gestalten?

In seinem Buch hält uns Johannes Grassl einen Spiegel vor. Er will nicht belehren oder es besser wissen. Nein, er will uns helfen, aus dem Hamsterrad unseres Alltags einmal auszusteigen und wirklich vom Ziel, von unseren Träumen und Sehnsüchten her zu denken, zu fühlen und – ja – zu handeln.

Dabei provoziert Grassl ganz bewusst, aber stets wohl dosiert. „Die Friedhöfe sind die reichsten Plätze unseres Landes! Jede Menge unerfüllter Träume, Sehnsüchte und Lebenspläne liegen dort begraben." Ein Zitat, an dem man erst einmal kauen muss. Aber es zeigt uns eines auf: Unsere Endlichkeit und somit unser

Auftrag zum Handeln, zum Gestalten. Sind wir die Lenker oder nur die Beifahrer unseres Lebens? Und was ist es genau, das unserem Sinn, unserer Berufung und somit unseren Träumen entspricht?

Von Karl-Heinz Böhm stammt der schöne Satz: „Das Glück ist ein Maßanzug." Ich finde diesen Gedanken sehr inspirierend, denn er ist für mich Appell und Mahnung zugleich. Die Schnittmuster anderer Menschen taugen zumeist wenig für unseren eigenen Maßanzug, unser eigenes Glück.

Jeder Weg beginnt mit den ersten Schritten. Durch seine praktischen und anschaulichen Beispiele macht es uns Grassl leicht, seine Impulse in unseren Alltag zu übertragen. Wie gehe ich mit meiner Zeit um? Was heißt Erfolg für mich – und, ganz wichtig, was nicht? Meine innere Stimme: ein Kompass oder ein Ärgernis?

Für mich war die Lektüre dieses Buches ein großer Gewinn, eine Anreicherung mit Gedanken und Impulsen, die im hektischen Getriebe des Alltages nur zu gerne verloren gehen. Ich empfand dieses Buch als eine kleine Reise zu mir selbst, eine Chance zum Innehalten und zur Selbstreflexion.

Ich wünsche Ihnen viel Spaß beim Lesen, ein wenig Nachdenklichkeit und ein „gesundes Stolpern" über so manche Wahrheiten und alteingefahrenen Gedankenmuster.

In diesem Sinne

Ihr Walter Kohl

I. AUFBRUCH IN DIE FREIE WILDBAHN

I have a dream

Denken Sie einmal daran zurück, als Sie das letzte Mal im Zoo waren und vor dem Löwengehege standen. Erinnern Sie sich an dieses prächtige Tier, seine Ausstrahlung, seine Augen? Früher einmal war er wild und unbezwingbar, heute wirkt er irgendwie zahm und angepasst. Die ursprüngliche Bestimmung dieses Löwen war es nicht, in diesem Käfig im Zoo zu sitzen, sondern in Freiheit zu leben als König der Tiere! Irgendwann aber wurde er herausgenommen aus seinem originalen Zustand und in diesen Käfig gesteckt. Dort fristet er nun sein Dasein, Tag für Tag, Woche für Woche, gefangen im Korsett der immer gleichen Umstände und Abläufe. Der größte Teil seiner früheren Dynamik und Abenteuerlust scheint ihm verloren gegangen zu sein. Äußerlich immer noch ein Löwe, ist tief in ihm drin längst etwas gestorben. Heute ist er – wenn man genau hinsieht – frustriert, einsam und: gelangweilt!

Immer abends, wenn der Zoo geschlossen hat, der Trubel des Tagesgeschäftes sich legt und es ruhig wird um das Gehege, ist in seinem Brüllen seine Sehnsucht nach der Savanne zu hören. Irgendwo in ihm steckt noch das Gen der Freiheit, der Traum vom Abenteuer, die Erinnerung an längst vergangene Zeiten! Er spürt, dass er an einen anderen Ort gehört. Regelmäßig kommt der Wärter, schiebt dem Löwen ein Stück Fleisch durch die Gitterstäbe, und das macht ihn für kurze Zeit ruhig. Die Sehnsucht seines Herzens aber bleibt ungestillt und wartet darauf, erfüllt zu werden.

Vielen von uns ergeht es wie diesem Löwen im Zoo. Im Hamsterrad unserer Umstände, Sachzwänge, privaten wie beruflichen Herausforderungen und aller möglichen Erwartungshaltungen anderer drehen wir täglich unsere Runden. Wir sind getrieben und werden gelebt, anstatt selbst zu leben. Nur wenn es ruhig wird um uns, beginnen wir, auf unser Herz zu hören. Eine innere Stimme meldet sich und fragt: Ist das alles? Ein dumpfes Gefühl von Unzufriedenheit und mangelnder Erfüllung lässt sich nicht verleugnen. Eine Sehnsucht nach „mehr vom Leben" wird laut in uns. Diese Sehnsucht versuchen wir durch alle möglichen Reize und Ersatzbefriedigungen zu stillen. Mit allenfalls zeitlich begrenztem Erfolg. Die nächste Urlaubsreise, das größere Auto oder ein weiterer Schritt auf der Karriereleiter können nicht geben, wonach wir wirklich suchen. Wir brauchen eine neue Idee, wofür wir leben wollen.

Wie der Löwe sind auch wir nicht für den Käfig, sondern für die freie Wildbahn gemacht. Wie wäre es, auszubrechen und den Wind der Freiheit wieder zu genießen? Das Leben noch einmal zu beginnen und unserem Herzen eine zweite Chance zu geben? Zurückzuerobern, was uns im Laufe der Jahre verloren gegangen ist?

Klingt das zu verrückt? In diesem Buch lade ich Sie ein auf eine Reise. Eine Reise, die mit Ihren Träumen und Ihrer Bestimmung zu tun hat. Eine Reise, die Sie vielleicht schon immer einmal unternehmen wollten, bei der Sie es bisher aber nicht wagten, die ersten Schritte zu gehen. Eine Reise, die uns in ein neues Land, eine neue Dimension von Leben führen soll. Wie jede Reise besteht auch dieser Weg aus einzelnen Schritten, die Stück für Stück Veränderung bringen. Lassen Sie uns einfach mal beginnen ...

Die Sehnsucht nach mehr

Es war Freitagnachmittag, und ich war unterwegs zu einem Vortrag irgendwo in Deutschland. Wie so oft würde ich das Wochenende damit verbringen, zu ganz unterschiedlichen Menschen zu sprechen. Ein Netzwerk von Führungskräften hatte mich eingeladen, einen Vortrag zum Thema „Lebe Deinen Traum" zu halten. Ein Thema, über das ich gerne und oft spreche, weil es mich seit vielen Jahren begleitet und mein eigenes Leben prägt. Ein Thema, das bei vielen Menschen eine Herzens-Sehnsucht anspricht. So war es auch diesmal. Der Veranstaltungsort war gefüllt mit Menschen aller Altersgruppen aus den verschiedensten beruflichen Bereichen. Dynamische Anzugträger mittleren Alters, junge Erwachsene am Anfang ihres (Berufs-)Lebens, gereifte Persönlichkeiten mit viel Lebenserfahrung, kurz: Männer und Frauen „quer durch den Kuchen". Diese Leute kamen nicht meinetwegen. Keine der Personen hatte ich je zuvor gesehen, und ich vermute, niemand hatte vorher von mir gehört. All diese Menschen kamen, weil sie angezogen wurden von den drei Worten in der Überschrift der Einladung: Lebe Deinen Traum!

Beim Vortrag schien es mir, als würde mir aus den Augen der Zuhörer die Sehnsucht nach Leben, Traum und Abenteuer förmlich entgegenspringen. Es war, als würden meine Worte durch den Kopf direkt in das Herz dieser Menschen fallen. Wie eine Saat auf vorbereiteten Boden, wie ein Tropfen Wasser auf den trockenen Schwamm. So ergeht es mir praktisch jedes Mal, wenn ich über dieses Thema spreche. Diese drei Worte üben eine besondere Faszination auf die Menschen aus. Ganz unabhängig von äußeren Umständen wie beruflichem Erfolg, gesellschaftlichem Status oder dem Stand des Bankkontos. Sie setzen unsere Fantasie in Gang, sie berühren Saiten in unserer Persönlichkeit, die nur darauf warten, bespielt zu werden, und vielleicht schon lange nicht mehr zum Klingen gebracht wurden.

Diese Sehnsucht der Menschen nach Leben bewegt mich. Sie bewegt mich deshalb so sehr, weil sie auf etwas bis dato Unerfülltes hinweist. Eine Dimension von Leben, nach der wir uns sehnen, die wir aber noch nicht ergriffen haben. Wir stehen vor diesem Thema und schauen es fasziniert, verwundert und zugleich irritiert an. Wie etwas Fremdes, von dem wir aber spüren, dass es eigentlich Teil unseres Lebens sein sollte.

Im Folgenden werde ich versuchen, dieser Sehnsucht in uns nachzuspüren und ihr den notwendigen Raum zu verschaffen, damit sie sich bemerkbar machen kann. Sie kann uns den Weg zeigen zu bisher unberührtem Terrain, zu mehr Erfüllung und Wirksamkeit, zu dem Leben, für das wir eigentlich geboren wurden. Alle folgenden Gedanken, Impulse und Fragen sollen dazu dienen, ihr Gehör zu verschaffen.

Jede Persönlichkeit ist einzigartig und jede Lebenssituation individuell. Deshalb gibt es nur wenige fertige Antworten, aber viele gute Fragen. Ich hoffe, dass dieses Buch einige davon aufwirft und wir den Mut haben, uns ihnen zu stellen. Dann wird jeder einzigartige Antworten finden.

Mein Traum – was ist gemeint?

Bild der Zukunft

Was bedeutet es, einen Traum zu leben? Ist das nicht viel zu unkonkret? „Wer Visionen hat, soll zum Arzt gehen", lautet das Zitat eines ehemaligen Bundeskanzlers.

Deshalb brauchen wir zunächst ein klares Verständnis, worum es geht. Nähern wir uns also dem Begriff. *Traum* in dem Sinne, wie ich ihn im Folgenden verwenden möchte, könnte man auch mit *Vision* beschreiben. Das Wort *Vision* kommt vom lateinischen *visio* und bedeutet *Anblick, Erscheinung*. Es geht darum, mit dem inneren Auge etwas zu sehen, das momentan noch nicht realisiert ist. Mit anderen Worten: Ein Traum ist ein Bild von der Zukunft. Und zwar eines, das begeistert!

Genau darum geht es: Ich möchte, dass wir im Folgenden ein begeisterndes Bild von unserer Zukunft entwerfen. Eine Skizze, wie unser Leben zukünftig aussehen soll, die wir dann, während wir auf dem Weg der Realisierung unterwegs sind, Schritt für Schritt in bunten Farben ausmalen.

Aufbruch aus dem Status quo

Ein Traum im hier verstandenen Sinn liegt immer außerhalb unserer momentanen Lebenswirklichkeit. Das heißt, es geht um einen Aufbruch aus dem Status quo hinein in etwas Neues. Deshalb bringt ein Traum immer Veränderung mit sich, gehört es zu seinem Charakter, uns herauszufordern. Das macht ihn so spannend, unwägbar – und hindert zugleich viele daran, sich auf Träume einzulassen.

Dabei geht es zunächst noch nicht um eine Veränderung unserer äußeren Umstände, sondern um eine Veränderung, die in unserem Inneren beginnt. Sie müssen weder morgen Ihren Job kündigen noch Ihr Umfeld hinter sich lassen. Zunächst steht eine Neuausrichtung unserer bisherigen Denkmuster an. Träume sind innovativ und besitzen schöpferische Kraft, sie bringen neues Leben hervor.

Von innen nach außen

Wir dürfen an dieser Stelle ermutigt sein: Einen Traum zu leben ist machbarer, als es zunächst scheint! Vor der Veränderung äußerer Umstände kommt die Berücksichtigung unserer inneren Wünsche und Vorstellungen. Die Umgestaltung des großen Ganzen beginnt mit kleinen Schritten und ist innerhalb unserer momentanen Lebenssituation und des beruflichen Kontextes möglich. Einen Traum zu leben beginnt damit, an genau der Stelle, an der ich heute bin, meine Wünsche, Bedürfnisse und Sehnsüchte ernst zu nehmen und sie schrittweise, im Rahmen dessen, was möglich ist, umzusetzen. Damit wird mein Traum, das große Bild der Zukunft, heruntergebrochen auf gangbare Schritte, die eine sukzessive positive Veränderung des eigenen Lebens darstellen. Der Weg zum *Traum* ist ein *Prozess*, ein Prozess, der in uns beginnt und von innen nach außen verläuft.

Träumen wie ein Kind

Es ist immer Zeit für einen neuen Anfang!
Konrad Adenauer

Jeder Mensch wird mit Träumen geboren. Ihre Hochkonjunktur
haben diese in der Zeit unserer Kindheit. Als Kinder gehen wir
in unseren Träumen geradezu auf – bis diese uns dann Stück für
Stück aberzogen und abgewöhnt werden, bis wir sie aufgrund
äußerer Umstände, Erwartungshaltungen anderer Menschen
oder Sachzwängen aufgeben und vergessen. Nach einigen Jahren
unseres Lebens, spätestens mit Mitte 20, sind wir endlich so weit
auf Linie gebracht, unserem Leben eine „vernünftige", das heißt
möglichst berechenbare Richtung zu geben.

Dabei sind unsere Träume wertvoll. Sie wohnen noch immer
in jedem von uns, und wir sollten sie entdecken und leben. Wie
wäre es, neu zu träumen und unserem Herzen eine zweite Chance zu geben? Die Büchse der Kindheit nochmals zu öffnen und
wieder einzutauchen in diese Zeit des unbeschwerten und hoff-
nungsvollen Lebens?

Es ist gar nicht so schwer. Schauen wir doch mal den Jungen im Bild genauer an. Zunächst lebt dieser in seinem Inneren
etwas, das äußerlich noch nicht realisiert ist. Er trägt ein Bild
der Zukunft seines Lebens mit sich. In diesem Fall das Bild, als
Pilot über den Wolken zu fliegen. In seiner Vorstellung stecken
Freiheit, Freude und Abenteuer – und kaum Rationalität. Seine
Begeisterung für das, was er gerne tun möchte, stellt die logi-
schen Denkmuster und das Abwägen menschlicher Möglichkeiten zur Realisierung dieses Traumes völlig in den Hintergrund.
Das ist das Faszinierende an Träumen: Sie öffnen eine Dimension
von Leben, die wir aus rationalen Erwägungen heraus kaum er-
greifen würden. Träume sind revolutionär. Sie stellen den Status
quo infrage, öffnen die Box unserer momentanen Lebenssituation und wagen es, uns in unserem bisherigen Leben herauszufordern.

Interessant ist, dass der Junge bereits ausgerüstet ist: Fliegerkappe, Brille, Schal und Pilotenjacke sitzen wie angegossen. Das hat etwas mit unseren Fähigkeiten und Begabungen zu tun. Jeder Mensch ist mit einzigartigen Stärken und Vorlieben ausgestattet. Stärken sind Dinge, die wir gut machen. Vorlieben sind Dinge, die wir gerne machen. In der Regel passen die in uns wohnenden Träume mit unserer „Ausrüstung" zusammen. Wenn wir uns im Rahmen unserer Stärken und Vorlieben bewegen, fallen uns Dinge leichter. Wir bewegen uns in dem, was wir gut und gerne tun – das motiviert und verschafft eine gewisse Souveränität.

Und noch etwas steckt in diesem Bild vom jugendlichen Piloten: Obwohl nicht sichtbar, scheint es mir, als ob dieser Junge in wohlwollenden und liebevollen Beziehungen lebt, die ihm Geborgenheit und das feste Vertrauen geben, die Träume seines Lebens realisieren zu können. Er strahlt ein Grundvertrauen aus, das ihm Sicherheit gibt.

Dieses Bild beinhaltet viele Parallelen zu uns im Hier und Heute. In jedem von uns wartet ein kleiner Junge, ein kleines Mädchen darauf, in die Freiheit entlassen zu werden. Der Aufbruch in die freie Wildbahn – er beginnt in uns.

Dazu eine Geschichte: Ein Bauer fand eines Tages ein Adlerei und brachte dieses in den Hühnerstall. Sogleich erbarmte sich ein Huhn und nahm sich voll mütterlicher Fürsorge des neu entdeckten Schatzes an. Nach einiger Zeit des Brütens und Bemutterns war es dann so weit: Das junge Adlerküken schlüpfte und erblickte zum ersten Mal das Licht der großen weiten Welt. Von großen und kleinen Hühnern umgeben, lag die Annahme nahe, selbst ein Huhn zu sein. So lebte der kleine Adler mitten unter den Hühnern, benahm sich wie ein Huhn, fraß wie ein Huhn und hatte seine eigentliche Identität nie kennengelernt. Eines schönen Hühner-Tages aber, während er gerade damit beschäftigt war, auf dem Hof Krümel zu picken, hörte er hoch am Himmel den Schrei eines Adlers, der dort seine Kreise zog. Dieser Schrei löste etwas in seinem Inneren aus. Eine tief verborgene Identität wurde berührt und zu neuem Leben erweckt. Der kleine Adler spürte, dass er zu mehr geboren war, als unter den Hühnern ein armseliges Dasein zu fristen, ab und zu ein Ei zu legen und früher oder später im Suppentopf zu landen. In ihm stand etwas auf, das ihn dazu brachte, seine wahre Bestimmung zu entdecken. Er begann, seine Flügel zu trainieren, erst unbeholfen, mit der Zeit aber immer sicherer und souveräner. Eines Tages schließlich war es so weit: Aus dem verkappten Huhn war wieder der Adler geworden, der sich aufschwang in die Lüfte, um endlich das Leben zu leben, für das er geboren wurde.

Diese Geschichte hat viel mit unserem Leben zu tun. Wenn es um unsere Träume geht, dann muss der Zweikampf zwischen Kopf und Herz von Letzterem gewonnen werden. In diesem Sinn sollten die Träume und Wünsche der Kindheit nie nur Vergangenheit sein, sondern immer auch Teil unserer Zukunft. So wie die Kindheit mehr herz- als kopforientiert ist, braucht unser Herz auch im späteren Leben immer wieder Gelegenheiten, sich Raum zu verschaffen und gehört zu werden.

Worauf's ankommt: Stärken, Vorlieben und Mehrwert zusammenbringen

Die Fähigkeiten, die in einem Menschen liegen,
sind größer, als er weiß;
und die Fähigkeiten, die Gott einem Menschen verleihen kann,
sind größer, als er träumt.
Charles H. Spurgeon

In uns liegt ein Potenzial verborgen, das darauf wartet, entdeckt und gelebt zu werden. Wie in der Geschichte vom kleinen Adler, der als falsches Huhn unterwegs war, leben auch viele Menschen an ihrer wahren Bestimmung und ihrem Potenzial vorbei. Oft sind wir in Berufen und Aufgaben gefangen, in die wir gar nicht gehören, die wir nur aufgrund der Erwartungshaltung anderer Menschen (oder weil es sich „halt so" ergeben hat) übernommen haben. Wie dieser junge Mann, eigentlich ein leidenschaftlicher Handwerker, der aber Lehrer wurde, weil seine Eltern – beides Lehrkräfte – das von ihm erwarteten. Oder die junge Frau, kreativ und musikalisch, die Betriebswirtschaft studiert, weil das vermeintlich sicherer und zukunftstauglicher ist. Oder der ältere Herr, bereits am Ende seiner braven Beamtenlaufbahn, der sein Leben lang viel lieber unternehmerisch tätig gewesen wäre. Die Liste ließe sich beliebig fortsetzen.

Zu oft beeinflussen falsches Sicherheitsdenken und die Erwartungen anderer unseren Werdegang und halten uns davon ab, einen erfüllenden Platz zu finden, an dem wir wirklich einen Unterschied machen können. Oft sind Lebensläufe aufgrund des familiären Umfeldes, der Erwartungen der Eltern oder anderer wichtiger Bezugspersonen vorgespurt. Allzu außergewöhnliche Zukunftsideen werden uns ausgetrieben, noch bevor wir uns an die Umsetzung machen können. Weil der Weg des geringsten Widerstandes leichter ist und die bequem eingerichtete Komfortzone eine zu hohe Attraktivität ausübt, begraben wir das Potenzial in uns, das nur darauf wartet, gehoben und entwickelt zu werden. Zwar können wir an der erreichten Stelle durchaus funktionieren – Glück, Erfüllung und Wirksamkeit aber sehen anders aus.

Ich denke an eine Postkarte, die ich kürzlich in den Händen hielt. Auf dieser Karte sieht man ein nettes kleines Schaf, das mit einer Mischung aus Vorsicht und Neugierde über den Gartenzaun lugt. Darüber die herausfordernde Überschrift: „Und eines Morgens sagte plötzlich eine Stimme: Spring über den Zaun, sei wild und frech, und lebe gefährlich …" Wie diesem Schaf oder dem zitierten Löwen im Zoo ist uns in vielen Bereichen unseres Lebens die Wildheit abhandengekommen. Wir leben zu brav, zu stromlinienförmig, zu vorhersehbar. Warum nicht öfters etwas Verrücktes wagen? Warum nicht hin und wieder ein Risiko eingehen?

Umair Haque, einer der aktuell einflussreichsten Management-Vordenker, fordert zu einem Lebens- und Arbeitsstil heraus, der die Grenzen des bisher Vertrauten überschreitet und das persönliche Potenzial stärker berücksichtigt.[1] Unsere Art, zu leben, zu arbeiten und unsere Rolle zu spielen, beschert uns zwar materiellen Reichtum, lässt uns aber auf emotionaler Ebene, in Bezug auf Beziehungen und Soziales, physisch und spirituell unerfüllt. Haque plädiert dafür, sich über Folgendes unbedingt klar zu werden: Was ist mein persönliches Potenzial, und wie umfassend, authentisch und intensiv werde ich es im Laufe meines Lebens ausschöpfen? Sein Aufruf: „Erschaffen Sie etwas Gefährliches. Es lohnt sich nicht, nach Mittelmäßigkeit zu streben – sie ist eine einsame Todesfalle, die direkt in das Vergessen führt. Deshalb bin ich fest davon überzeugt, dass Sie Ihr Leben nutzen sollten, Ihrer Leidenschaft zu folgen. Nicht halbherzig, zitternd und stockend. Sondern unerbittlich, mit aller Energie. Träumen Sie große Träume, und gehen Sie ein gewaltiges Risiko ein. Setzen Sie Ihr Heim aufs Spiel, bevor es zu einem Einfamilienhaus geworden ist – einem allzu bequemen Ort, wo Sie Ihren Hut an den Nagel hängen und Ihre Beine ausstrecken. Erschaffen Sie etwas Neues: Seien Sie nicht nur Arbeitnehmer, Manager oder ein anderer Typ eines Verwalters der Gegenwart. Seien Sie ein Erbauer, ein Schöpfer und Architekt der Zukunft. Es spielt keine Rolle, ob es eine Sonate, ein Buch, ein Start-up oder ein neuer Frisurenstil ist – erschaffen Sie etwas, das nicht nur fundamental neu ist, sondern auch eine unaufhaltsame Gefahr für die müden, schwerfälligen Beharrungskräfte der Gegenwart ... Ziehen Sie Erfüllung und Leidenschaft vor gegenüber Geld und Erfolg. Das Letztere folgt dem Ersten. Ohne Erfüllung und Leidenschaft aber sind Geld und Erfolg schal und leer ...“

Wie können wir nun das in uns liegende Potenzial entdecken, und wie sollen wir uns positionieren? Weil jede Person und jedes Leben individuell ist, gibt es keine fertigen Antworten. Aber Orientierungshilfen, anhand derer jeder seinen persönlichen Weg finden und überprüfen kann. Es ist vor allem ein Dreiklang, an dem wir uns orientieren können: Stärken, Vorlieben und Mehrwert. Wenden wir uns zunächst den Stärken und Vorlieben zu. Stärken sind all diejenigen Dinge, die wir besonders gut können und in denen wir besser sind als der Durchschnitt. Unsere Stärken meint unsere Fähigkeiten und Talente. Vorlieben sind die Dinge, die wir gerne tun und die uns Freude machen. Tätigkeiten, bei denen wir die Zeit vergessen. Stärken und Vorlieben können identisch sein, müssen es aber nicht. Manchmal mögen wir bestimmte Dinge, ohne besonders stark darin zu sein. Ich mag es etwa, hin und wieder Fußball zu spielen. Als Stärke würde ich das aber nicht bezeichnen, zum Geldverdienen reicht es jedenfalls nicht aus. Von Albert Einstein ist überliefert, dass er das Violinspiel liebte, allerdings wurde er kein berühmter Geiger, sondern einer der größten Physiker aller Zeiten. Nicht immer also stimmen unsere Stärken mit unseren Vorlieben überein. Jeder von uns aber hat eine Schnittstelle aus beidem. Diese Schnittstelle gilt es zunächst zu entdecken. Folgende Fragen sind dabei hilfreich:

• Was kann ich gut?
• Was halten andere Leute für meine größten Stärken?
• Worin bestätigen mich andere Menschen?
• Welche Talente habe ich, die bisher noch nicht entwickelt sind?
• Was liebe ich zu tun?
• Was macht mir am meisten Spaß?
• Wobei vergesse ich die Zeit?

Neben der Selbsteinschätzung ist auch die Fremdwahrnehmung wichtig, wenn wir unsere Stärken definieren wollen. Das heißt, wir beantworten diese Fragen zuerst für uns und suchen dann das Feedback von Menschen in unserem Umfeld. Eine Übereinstimmung von Eigen- und Fremdwahrnehmung gibt uns zusätzliche Bestätigung.

Wenn wir unsere Stärken und Vorlieben definiert und die Schnittstelle bestimmt haben, stellt sich die Frage, wie wir damit einen Mehrwert für andere schaffen können. Welchen Nutzen für andere Menschen kann ich kreieren, indem ich tue, was ich gut kann und was ich liebe zu tun?

Wenn jemand handwerklich begabt ist, dabei technikinteressiert und Spaß an Autos hat, kann er einen Mehrwert für andere Menschen schaffen, indem er als Kfz-Mechaniker arbeitet und die Autos anderer Menschen repariert. Ist jemand kreativ und innovativ und liebt es, unternehmerische Ideen zu entwickeln, wird er in einem trockenen Bürojob auf Dauer wenig glücklich sein, kann aber einen entscheidenden Unterschied machen, wenn er Produkte oder Dienstleistungen entwickelt, die für andere hilfreich sind. Der Verwaltungstyp mit einer Vorliebe für Zahlen und Daten braucht ein entsprechendes berufliches Umfeld, um seine Fähigkeiten wirkungsvoll einsetzen zu können und dabei Freude zu erleben.

Es geht also immer darum, dass unsere Stärken, Vorlieben und ein Mehrwert für andere zusammenkommen. Die Schnittstelle aus diesen drei Bereichen bildet das, was man im Marketing den „Unique Selling Point" nennt, unser persönliches Alleinstellungsmerkmal. Wenn wir uns in diejenigen Aufgaben und Tätigkeiten investieren, in denen wir gut sind, die wir lieben und aus denen sich ein Nutzen für andere ergibt, verschafft uns das ein hohes Maß an Zufriedenheit.

Der Weg hin zu einem erfüllten Leben beginnt mit einer groben Skizze, einer Ahnung, einem vorsichtigen Tasten in ein neues Land hinein. Die hier skizzierten Stärken und Vorlieben bilden die Leitplanken, innerhalb derer wir uns dabei bewegen. Wir müssen und dürfen verschiedene Dinge probieren. Es ist wie bei der Auswahl von Kleidungsstücken im Geschäft: Im Regal sieht vieles gut aus, aber erst wenn wir die Kleidung tragen, können wir wirklich sagen, ob sie uns steht, zu uns passt und wir uns darin wohlfühlen. Sich bereits früh im Leben und zu Beginn der beruflichen Laufbahn mit diesen Fragen zu beschäftigen ist natürlich hilfreich. Aber auch später, vielleicht in verantwortungsvoller Position oder an dem seit Langem vertrauten Platz, verliert die Thematik nichts an Relevanz. Warum tue ich, was ich tue? Bin ich am richtigen Platz? Was möchte ich durch mein Wirken bewegen, und kann ich das in meiner aktuellen Position? Das sind Fragen, anhand derer wir uns jederzeit und an jedem Ort reflektieren können.

Menschen, die durch ihr Wirken und ihre Innovationen unser Leben geprägt und die Welt verändert haben, waren immer Menschen, die an eine Vision glaubten, sich in ihren Stärken und Vorlieben bewegten, dabei einen Nutzen für Dritte kreierten und in all ihren Prozessen und Herausforderungen nicht aufgaben. Gottlieb Daimler, der Erfinder des Automobils; Steve Jobs, Mitgründer von Apple; Alfred Herrhausen, legendärer Vorstandssprecher der Deutschen Bank – sie und viele andere sind Beispiele dafür. Dabei geht es nicht nur um die wenigen Spitzenführungskräfte und herausragenden Entwickler und Erfinder, sondern quer durch alle Gesellschafts- und Berufsbereiche sind immer diejenigen überdurchschnittlich wirksam und zufrieden, die einer Vision folgen und ihr persönliches Potenzial leben. Dauerhaft erfolgreiche Leute mit einer Erfüllung im Beruf sind Menschen, die tun, was sie lieben, und lieben, was sie tun. Wenn es uns gelingt, dadurch auch noch einen Nutzen für andere zu schaffen, leben wir unser Potenzial. Wir stellen die Weichen, unsere verfügbare Lebenszeit wirksam auszuschöpfen, und schwingen uns wie der Adler in neue Höhen auf.

II. EIN BILD DER ZUKUNFT MALEN

Vom Ende her denken

Was nicht ewig ist, ist auf ewig veraltet.

C. S. Lewis

Menschen, die in der Palliativmedizin arbeiten, berichten immer wieder von den Gedanken der Patienten, die den Tod vor Augen haben. Fragt man diese Menschen, was sie rückblickend auf ihr Leben am meisten bereuen, kommen häufig die folgenden Antworten:

Ich wünschte, ich hätte ...

1. mehr meine Träume gelebt anstatt die Erwartungen anderer.
2. nicht so viel gearbeitet.
3. mehr meine Gefühle zum Ausdruck gebracht.
4. mehr Zeit in meine wichtigsten Beziehungen investiert.
5. öfter verrückte Dinge getan.

Traurig, aber wahr: Friedhöfe sind die reichsten Plätze unseres Landes. So viele unerfüllte Träume, Sehnsüchte und Lebenspläne liegen dort begraben. Zu viele Menschen, die gelebt wurden, statt selbst zu leben. Zu viele Menschen, von denen man dachte, dass sich die Welt ohne ihren dauerhaften, selbstaufopferungsvollen und selbstverständlich ehrenwerten Einsatz nicht weiterdrehen würde – und siehe da, sie dreht sich doch.

Der Italiener Bruno Bozzetto produzierte einen Zeichentrickfilm, der schon fast fünfzig Jahre alt, aber in seiner Thematik und Eindrücklichkeit aktueller denn je ist. Bezeichnenderweise gab er diesem Werk den Titel „Leben in einer Schachtel".[2] In den sieben Minuten dieses Kurzfilms geht es um das Leben eines durchschnittlichen Otto-Normal-Bürgers von der Wiege bis zur Bahre. Die Geschichte beginnt mit der freudvoll erwarteten Geburt des neuen Erdenbürgers. Ein neues Lebensbuch wird geöffnet und wartet darauf, in vielen verschiedenen Farben und Formen gestaltet zu werden. Schon bald aber nimmt das Leben den für so viele von uns typischen Verlauf. Die Zeit der Kindheit zeigt der Film noch mit vielen farbigen Sequenzen. Diese farbigen Szenen stehen für die Träume und die Sehnsucht nach Freude, Glück und Freiheit im Leben des Jungen. Der farbige Schmetterling, der ihm auf dem Weg von zu Hause in die Schule begegnet, lässt das kleine Männchen zu träumen beginnen von einer Welt voller Farbe, gleich einem blühenden Garten, in dem es viel zu entdecken gilt. Jäh wird er jedoch aus diesen Träumen gerissen, als ihm seine gewissenhafte Mutter, ihn vom Fenster aus beobachtend und dabei auf ihre Armbanduhr deutend, nachruft, sich gefälligst zu beeilen und seinen Pflichten nachzukommen. Die Farben verflüchtigen sich, und der triste Alltag nimmt seinen Lauf.

Dieses Muster zieht sich durch, von der Schule über die Universität bis zum Berufsalltag, immer seltener unterbrochen von immer kürzer werdenden farbigen Sequenzen, die sich jedes Mal aufgrund der jeweiligen Umstände und zu erfüllenden Pflichten schnell in Luft auflösen. Die farbige Traumphase erlebt noch einmal ein kleines Zwischenhoch, als sich das Männchen verliebt, bald darauf heiratet und mit den besten Absichten, sich jetzt mehr Zeit für seine Träume und Sehnsüchte zu nehmen, eine Familie gründet – nur um wenig später festzustellen, wieder im alten Fahrwasser gelandet zu sein. Der kurz darauf geborene Sprössling erleidet schon bald das gleiche Schicksal, das Lebensmuster wird – unterschiedlich gefüllt, aber mit den gleichen Leitplanken und Treibern – von Generation zu Generation weitergereicht.

Das Pendel zwischen Arbeitsplatz und Zuhause bewegt sich im Film nun immer schneller, nimmt dem Männchen zunehmend die Luft zum Atmen und Träumen, bis es schließlich, vom Herzinfarkt getroffen, nach einem getriebenen Leben auf dem Friedhof landet. Hier endlich, leider erst, als es zu spät ist, hat das Männchen Zeit für seine Träume – die Szene wandelt sich in Farbe, der Film schließt mit zarten bunten Blumen auf dem frisch errichteten Grab. Berührt verfolgt man die Geschichte und fragt sich, was das wohl mit dem eigenen Leben zu tun haben könnte …

Was ist mein Lebensziel?

Spätestens am Ende des Lebens stellt sich die Frage, ob uns das Leben gelungen ist. Um diese einmal zufriedenstellend beantworten zu können, ist es wichtig, schon jetzt vom Ende her zu denken. Wenn wir es wagen, vom Ende her zu denken, verändern wir unseren Standort, verändert sich der Blickwinkel. Wir sind nicht mehr nur von der Fülle der gerade anstehenden Aufgaben und Herausforderungen gefangen, sondern gewinnen eine weitere Perspektive. Dadurch können wir unsere Prioritäten besser überprüfen und neu ordnen. Wie sieht mein Leben aus vom Ende her betrachtet? Was zählt wirklich?

Anhand der richtigen Fragen können wir ein Lebensziel definieren und dann entsprechend handeln. Wir erhalten einen roten Faden, an dem wir uns orientieren können, und definieren unsere Kernwerte, die unserem Leben Sinn verleihen. Das hilft uns, uns auf das Wesentliche zu konzentrieren. Die Herausforderung besteht darin, dass es zahlreiche verschiedene Lebensbereiche und jede Menge Aufgaben und Erwartungshaltungen gibt, wir aber nur über ein begrenztes Maß an Zeit und persönlichen Ressourcen verfügen. Wohinein also investiere ich mich, und wie verteile ich meine Ressourcen auf meine Lebensbereiche? Das Ziel muss die Strategie bestimmen.

Die Lebensstrategie hilft uns zu klären, wohinein wir unsere Ressourcen wie Zeit, Talente und Energie investieren. Das ist nicht kompliziert, sondern viel einfacher, als es vielleicht zunächst den Anschein macht. Es beginnt schlicht und einfach damit, sich selbst einmal die Frage zu stellen: Was ist mir wirklich wichtig? Das ist eine völlig ergebnisoffene Frage. Es gibt keine fertigen Antworten, jede Persönlichkeit und Lebenssituation ist individuell, und wir sollten uns in dieser wichtigen Fragestellung auch nichts von außen überstülpen lassen. Wichtig ist, für sich persönlich die Prioritäten zu klären. Die richtigen Fragen helfen uns dabei, sie öffnen unser Denken und lassen uns ein Ziel erkennen.

Als Berufseinsteiger könnte man sich beispielsweise fragen: Wie will ich leben? Auf welche Werte baue ich? Welchen Stellenwert soll meine berufliche Karriere einnehmen? Welchen Preis bin ich bereit, dafür zu bezahlen? Wie führe ich ein glückliches Familienleben?

Als Leistungsträger in beruflicher Verantwortung könnte man sich fragen: Wie beurteile ich meinen ganzheitlichen Lebenserfolg? Wie gelingt mir das Spannungsfeld Beruf und Familie? Wie kann ich mir, in meiner heutigen Situation und innerhalb des bestehenden Kontextes, zusätzlichen Freiraum für neue Träume, Hobbys, meine Familie schaffen?

In fortgeschrittenem Alter stellt sich die Frage: Was habe ich

vor mit dem Rest meines Lebens? Was blieb bisher auf der Strecke – und gibt es Wege, das wiederzubeleben?

Eine Auseinandersetzung mit und Klärung dieser elementaren Fragen liegt eigentlich auf der Hand, ist im wirklichen Leben
aber alles andere als selbstverständlich. Clayton M. Christensen,
Unternehmer und Professor an der renommierten *Harvard Business School*, schreibt: „Ich finde es erschreckend, dass sich so viele
der neunhundert Studenten, die die *Harvard Business School* Jahr
für Jahr aus den besten Kandidaten der Welt auswählt, so wenig
Gedanken über den Sinn ihres Lebens gemacht haben."[3]

Auch in meiner eigenen Arbeit mit Führungskräften, in Semi-
naren und Coachings, stelle ich immer wieder fest, dass wir uns
zu wenig Gedanken darüber machen, was uns wirklich wichtig
ist. Wenn ich gestandenen Unternehmern und Führungskräften
die Frage stelle, was das Wichtigste in ihrem Leben sei, haben die
allermeisten ziemliche Schwierigkeiten, darauf eine schlüssige
Antwort zu geben. Der Grund dafür ist, dass diese Fragen nicht
ausreichend reflektiert worden sind. Ich denke, das hat mit einem
Dilemma zu tun, das uns den Blick für das große Ganze unseres
Lebens vernebelt: Selbstopferung. Im Spannungsfeld zwischen
äußeren Aufgaben und Erwartungen einerseits und den eigenen
Bedürfnissen und Werten andererseits zieht zu oft Letzteres den
Kürzeren. Wenn wir in einen Engpass kommen – zum Beispiel
die Wahl, uns ein seit Langem blockiertes freies Wochenende zu
gönnen oder diese Zeit doch wieder zur Abarbeitung eines plötzlich aufgetretenen Problems einzusetzen –, machen wir zuerst
Abstriche bei uns selbst. Auf dem Altar der Selbstaufopferung
nehmen wir nur zu gerne Platz. Nach außen scheint das helden-
haft und verantwortungsvoll, ist aber gefährlich, weil wir aus den
Augen verlieren, was wirklich zählt in unserem Leben.

Der Vergleich zur Wirtschaftswelt sei erlaubt: Jeder Geschäftsführer oder Vorstandsvorsitzende muss über die Ziele seiner Firma sowie die Strategien, diese zu erreichen, informiert sein. Andernfalls kann er das Unternehmen nicht leiten und ist fehl am Platz. Was im Geschäftsleben selbstverständlich ist, übersehen viele Leute – darunter auch häufig im Geschäft erfolgreiche – für ihr persönliches Leben. Wie ein Bildhauer immer wieder den Schritt zurück braucht, um das große Ganze seines Werkes in Augenschein zu nehmen, brauchen auch wir immer wieder den Schritt zurück aus unseren täglichen Herausforderungen, um das große Ganze unseres Lebens zu sehen. Hilfreich ist, sich immer wieder einmal Zeitfenster zu nehmen – einen Spaziergang, einen ruhigen Abend oder einmal einen ganzen Tag –, um diese Fragen zu klären, das persönliche Leben neu auszurichten und Wichtiges von Unwichtigem zu trennen. Wirklich wichtig im Leben ist im Endeffekt nur das, was vom Ende her betrachtet noch zählt.

Fragen zur Selbstreflexion:

- Wie sieht mein Leben aus, wenn ich es vom Ende her denke?
- Was soll einmal auf meinem Grabstein stehen?
- Wie beurteile ich ganzheitlichen Lebenserfolg?
- Wo schlage ich falsche Wege ein?

Das Beispiel Eugene O'Kelly

Warum ist es so schwierig, sich einmal selbst diese einfache
Frage zu stellen: Warum tue ich, was ich tue?

Eugene O'Kelly

Eugene O'Kelly war Vorsitzender der Geschäftsleitung der weltweit operierenden Wirtschaftsprüfungsgesellschaft *KPMG*. Er
galt als einer der einflussreichsten Manager und führenden Fi-
nanz- und Wirtschaftsexperten in den USA. Er hatte alles, was
man sich landläufig unter einem erfolgreichen Leben vorstellt:
einen hervorragenden Job, der ihm viel Anerkennung brachte,
eine schöne Frau und eine kleine Tochter, Status und viel Geld.
Im Alter von 53 Jahren, auf dem Höhepunkt seiner Karriere, er-
eilt ihn aus heiterem Himmel eine Diagnose, die sein ganzes Leben auf den Kopf stellen sollte: Gehirntumor, Lebenserwartung
noch wenige Monate. Die Krankheit bringt ihn zum ersten Mal
dazu, sein Leben wirklich zu reflektieren und die bisherige Sicht-
weise über Erfolg und Prioritäten auf den Prüfstand zu stellen.
In den verbleibenden dreieinhalb Monaten zwischen Diagnose
und Tod ordnet O'Kelly sein Leben völlig neu. In seinem Buch
„Chasing Daylight"[4], das er in dieser Zeit verfasst, beschreibt er,
wie sich seine Lebensprioritäten angesichts der todbringenden
Krankheit völlig verschieben und er zu ganz neuen Erkenntnissen darüber kommt, was ihm wirklich wichtig ist. Sein Leben bis
zum Zeitpunkt der Diagnose beschreibt er so:
    „Ich führte ein Leben in höchster Geschwindigkeit, immer
das Gaspedal durchgedrückt. Mein Kalender war immer über
18 Monate im Voraus ausgebucht. Ich arbeitete immer, an den
Wochenenden, in den Nächten. Ich reiste über 200.000 km pro
Jahr, wir hatten fast nie Urlaub. Ich habe jede Schulveranstaltung

meiner Tochter versäumt. Die letzten zehn Jahre habe ich es tatsächlich geschafft, mit meiner Frau (während der Woche) Essen zu gehen: ganze zwei Mal!"

Sein wirkliches Leben beginnt erst, als ihm die Ärzte seinen Tod ankündigen. Dadurch kamen neue Erkenntnisse: über die Bedeutung der Beziehungen; darüber, jeden Moment zu genießen; wie wichtig es ist, sein Leben klar und einfach zu gestalten; über den Verlust der Spontaneität und die Notwendigkeit, sie wiederzubeleben. In der verbleibenden Zeit investiert er sich in diejenigen Menschen, die ihm wirklich wichtig sind – seine Frau, seine Tochter, die Familie und seine engsten Freunde. Über die letzte Phase seines Lebens sagt er: „Die Diagnose war ein Geschenk, weil sie mich zwang, intensiv über meinen Tod nachzudenken. Das brachte ein Bewusstsein und eine Klarheit in mein Leben, wie ich es nie vorher hatte. Es hat einen hohen Wert, sich seiner Sterblichkeit bewusst zu werden … All denjenigen, die irgendwann später darüber nachdenken wollen, rate ich: TUE ES JETZT!"

Aus dem Leben gegriffen I

„Wenn ich noch einmal anfangen könnte ...“

Matthias Schipper ist verheiratet mit Andrea, beide haben einen erwachsenen Sohn und leben in Berlin. Matthias Schipper ist Mitglied der Geschäftsleitung eines mittelständischen Produktionsunternehmens. Im Interview mit Johannes Grassl spricht er über die Suche nach seinem Traum und wie eine schwere Erkrankung seine bisherigen Prioritäten grundlegend infrage stellte.

Herr Schipper, was würden Sie heute anders machen, wenn Sie Ihr Leben noch einmal leben könnten?

Wenn ich die Möglichkeit hätte, noch einmal zu beginnen, würde ich in meinem Leben viele Dinge anders machen! Selbst wenn es manchmal nur um Nuancen und nicht um die großen, fundamentalen Richtungsänderungen geht. Wenn ich noch einmal leben könnte, würde ich mehr an mich selbst denken, ohne dabei egoistisch sein zu wollen. Ich würde gelassener sein wollen, ohne damit gleichgültig zu sein. Vor allem würde ich mich mehr in Beziehungen investieren, privat genauso wie geschäftlich. In erster Linie gilt das natürlich für die Beziehung zu meiner Frau und unserem Sohn. Beide haben mir ein Familienleben geschenkt. Trotzdem bleibt das Eingeständnis, nicht genug Zeit in familiäre Beziehungen und die Pflege von Freundschaften investiert zu haben. Wenn ich einen zweiten Anlauf nehmen dürfte, würde ich das ändern.

Meine eigenen Wünsche habe ich zu oft dem Sicherheitsdenken und der vermeintlich von mir gegenüber anderen zu tragenden Verantwortung geopfert. Könnte ich noch einmal anfangen, würde ich deshalb meine persönlichen Bedürfnisse und Interessen stärker berücksichtigen. Ich würde mich nicht mehr so sehr von den Erwartungen anderer bestimmen lassen. Meine persönlichen Prioritäten habe ich zu oft geändert. Ich war der Meinung, für vieles auch später noch genügend Zeit zu haben. Für Erkenntnisse und Veränderungen ist es nie zu spät. Trotzdem bin ich inzwischen über 50 Jahre alt, und damit ist es für einige Dinge de facto doch bereits zu spät. Wenn ich noch einmal leben könnte, würde ich auch mehr Risiko eingehen. Ich würde mehr wagen, um das Leben mit all seinen Facetten noch intensiver zu leben. Ich würde mich nicht so oft durch die Vernunft bremsen lassen und mehr meinen Träumen folgen.

Warum haben Sie Ihr Leben dann so gelebt, wie Sie es gelebt haben?

Zunächst ist die Erkenntnis wichtig, dass wir alle durch unsere Kindheitserlebnisse geprägt worden sind, vor allem durch die Umgebung des Elternhauses. Neben der individuellen Prägung der einzelnen Person gibt es aber auch Prägungen, die im historischen Kontext, im Sinn einer Typisierung der jeweiligen Generation, gesehen werden müssen. Die Generation meiner Eltern, die durch Kriegserlebnisse, Leid und Entbehrung gekennzeichnet ist, hat sich mit dem Wirtschaftswunder auf materielle Sicherheit und den Erhalt des Friedens ausgerichtet. Das Wertesystem, die Prioritäten im persönlichen Verhalten und die damit auch anderen gegenüber erzeugten Erwartungshaltungen entsprangen einer ganz anderen Ausgangsbasis, als dies heute der Fall ist. In unserer Familie war es wichtig, den eigenen Wohlstand zu mehren und sich gegen Eventualitäten abzusichern. Nach außen hin war eine „heile Welt" zu dokumentieren, die keine Angriffsfläche für Kritik bieten sollte. „Was sollen denn die Nachbarn denken?!" – in dieser Haltung bin ich groß geworden.

Meiner Erziehung folgend, war es für mich deshalb selbstverständlich, den in mich gesetzten Erwartungshaltungen zu entsprechen. Aus heutiger Sicht habe ich mich erst viel zu spät aus diesem Korsett lösen können. Wenn ich also mein Leben noch einmal leben könnte, würde ich frühzeitiger versuchen, eigene Ziele zu definieren und meinen eigenen Weg zu gehen. In meinem Leben habe ich immer versucht zu funktionieren. Als junger Mensch erschien mir das Leben noch so lang; die Möglichkeiten, später noch dies oder jenes machen zu können, ließen mich einiges aufschieben. Heute weiß ich, dass ich durch diese Haltung in erster Linie mir selbst geschadet habe. Heute ist mir bewusst, dass Zeit ein sehr knappes Gut ist!

Vor einigen Jahren besuchten Sie einen Vortrag des Autors zum Thema „Lebe deinen Traum". Was hat Sie damals an diesem Thema so angesprochen?

Dieses Thema hat eine Sehnsucht in mir berührt, gerade weil ich mich schon oft mit der Frage beschäftigte, was denn eigentlich der Traum meines Lebens ist. Weil ich nur schwer „Nein" sagen konnte und schnell Verantwortung übernommen habe, habe ich schlussendlich funktioniert, meine eigenen Bedürfnisse und Interessen aber fast aufgegeben. Wo war noch Zeit, mich um meine Ehe, um Familie, geschweige denn um mich selbst zu kümmern? Kultur, Sport, ein gutes Buch, eigene Interessen, Freunde – alles blieb auf der Strecke. Aber ich hatte Erfolg, war von Kollegen und Geschäftspartnern geschätzt.

Beruflich war ich damals als Geschäftsführer in einer Unternehmensberatung tätig und auf Interimsmanagement spezialisiert. Das hat mir sehr viel Spaß gemacht. Unternehmen in Krisen zu begleiten bedarf aber der Bereitschaft, praktisch ständig erreichbar zu sein. Über die Jahre hatte ich mich dadurch zum Workaholic entwickelt. Ich wollte in schwieriger Zeit den Mitarbeitern des zu betreuenden Unternehmens wie auch meinen eigenen Mitarbeitern mit gutem Beispiel vorangehen. Also gehörte ich zu denen, die nachts um 1 Uhr noch E-Mails verschickten, um mit hoher Wahrscheinlichkeit in der darauffolgenden Stunde auch noch eine Antwort zu erhalten. Morgens zwei bis drei Stunden Anfahrt zum Kunden, eigentlich immer mehr als acht Stunden Arbeit, dann wieder zwei bis drei Stunden Rückfahrt oder gleich weiter zum nächsten, mehrere hundert Kilometer entfernten Einsatzort. Da ist es nur verständlich, dass sich irgendwann die Frage stellt, wie man aus diesem Hamsterrad wieder herauskommen kann. Manch ein Kollege hat die Warnzeichen erst nach dem Scheidungsantrag seiner Frau zu interpretieren gewusst. Auch bei mir bestand diese Gefahr: meine Frau, Familie, Freunde und ich selbst standen viel zu oft hintenan, weil ich glaubte, im Rahmen eines überzogenen Verantwortungsbewusstseins funktionieren zu müssen.

So drehte sich die Spirale weiter. Ich war auf dem Weg, alles zu verlieren, was mir im Grunde wichtig war: Ehe und Familie. In meinem Innersten wusste ich das, doch gelebt habe ich als Getriebener nach ganz anderen Prioritäten. Durch eine schwere Erkrankung meiner Frau wurde ich aufgerüttelt. Unsere Gespräche wurden intensiver, ich selbst war auf der Suche. Es musste da noch mehr geben als Beruf, materiellen Erfolg und das persönliche Funktionieren. Als sich unsere Diskussionen wieder einmal zuspitzten, erhielten wir unerwartet die Einladung zu diesem Vortrag „Lebe deinen Traum – Ausstieg aus dem Hamsterrad". Der Titel elektrisierte mich förmlich. Meine Frau und ich waren uns sofort einig, die Fahrtstrecke von 400 km in Kauf zu nehmen.

Was war Ihre wichtigste Erkenntnis aus diesem Vortrag? Gab es einen Impuls oder „Aha-Effekt", den Sie mit nach Hause nehmen konnten?

Der Vortrag hat mich mitgerissen! Deshalb suchte ich das vertiefende Gespräch mit dem Referenten. Ich wollte das Rezept erhalten, mein persönliches Leben zu verändern und lösungsorientiert auf den Titel des Vortrages auszurichten.

Die Umsetzung einer gewonnenen Erkenntnis in die Praxis ist immer eine große Herausforderung. Ist Ihnen das gelungen?

Erkenntnisgewinn ist die eine Seite der Medaille. Die andere, schwierigere Seite ist die Einsicht, dass Veränderung Zeit braucht und meist nur mit Geduld erreicht werden kann. Wichtig scheint mir nicht nur, sich ein grundsätzliches Ziel zu setzen, sondern den Weg dahin mit Teilzielen zu versehen, die in realistischer Weise erreicht werden können. Ich befinde mich – glaube ich – auf einem guten Weg. Ich habe heute mehr Gelassenheit und nehme mich selbst, meine eigenen Wünsche und Bedürfnisse ernster.

Es geht um einen Ausstieg aus dem Hamsterrad. Was ist das Hamsterrad in Ihrem Leben?

Einige Elemente des Hamsterrades in meinem Leben habe ich bereits beschrieben. Das Funktionieren und Getriebensein; ständig zu versuchen, die Erwartungen anderer zu erfüllen. Für mich manifestierte sich das Hamsterrad in dem Augenblick, als ich erkannte, mein Leben nicht mehr selbst bestimmen zu können. Die Freiheit der Selbstbestimmung war verloren. Die Erwartungshaltungen und Abhängigkeiten waren so groß geworden, dass mein Leben nicht mehr im Gleichgewicht war. Ich musste Kompromisse eingehen, die im Zeitverlauf immer größer wurden und damit auch an innerer Problematik zunahmen. Die Frage ist aber nicht nur, ob und wie ich mich im Hamsterrad bewege. Ich stelle mir auch die Frage, ob ich nicht selbst am Bau des Hamsterrades entscheidend mitgewirkt habe!? Wenn man also selbst den Bauplan des Hamsterrades kennt, ist es auch leichter möglich, den Ausgang zu finden.

Welche konkreten Schritte kann man tun, um aus dem Hamsterrad auszusteigen?

Am Anfang muss die selbstkritische Analyse stehen. Was ist das Hamsterrad in meinem Leben, und wie bin ich hineingeraten? Den Ausstieg sollte man nicht durch den Versuch eines spontanen Absprungs versuchen. Ich bin überzeugt, dass ein solcher Absprung gelingen kann, das Risiko, sich dabei massive Verletzungen zuzufügen, ist aber groß. Ich treffe durchaus spontane Entscheidungen, neige aber dazu, mir im Vorfeld zu überlegen, was zu tun ist. Ein Plan muss her! Ich habe mir bei der Konzeption meines Planes überlegt, ob ich den Ausstieg eigenständig schaffen kann oder ob ich mir Hilfe hole. Diese Hilfe kann professioneller Natur sein, ein Coach zum Beispiel, oder aber einfach das Gespräch mit guten Freunden. Ich selbst komme aus einem Familienumfeld, in dem wir durch unsere Eltern christlich geprägt worden sind. Sollte es die Möglichkeit geben, all die Ansprechpartner einfach mal dadurch zu ergänzen, dass man seinen Wunsch um Hilfe in ein Gebet fasst?

Ehrlich werden, sich öffnen können und das Gespräch mit jemandem suchen sind die ersten Schritte beim Ausstieg aus dem Hamsterrad. Wir brauchen einen Ansprechpartner, eine Vertrauensperson, mit der wir kritisch konstruktiv, ja, konträr diskutieren können. Konstruktive Kritik war mir oft eine Hilfe, über mein Leben nachzudenken. Und ich habe festgestellt, dass ich nicht alleine bin mit meinen Fragen. Die Einladung zu einer Zusammenkunft von Führungskräften im kleinen Kreis – um gemeinsam eine Auszeit zu genießen und das eigene Leben zu reflektieren – habe ich schon mehrmals gerne angenommen. Fernab vom großen Trubel konnte ich dort ehrliche Gespräche mit Menschen führen, denen es ähnlich erging. Weltliche und geistliche Gespräche bis hin zur gemeinsamen Andacht haben mich abschalten lassen und mich ermutigt.

Und dann war da in meinem Fall das plötzliche Angebot zur

Übernahme einer neuen beruflichen Aufgabe. Ich gab meine langjährige Position als Geschäftsführer auf, um an anderer Stelle eine neue Aufgabe zu übernehmen. Ich sah die Möglichkeit eines Neuanfangs und die Chance, eigene Pflöcke der Arbeits- und Lebensbedingungen einschlagen zu können. Ob ich damit schon das Hamsterrad verlassen würde, konnte ich nicht sicher beantworten. Doch mir war klar, dass diese neue Perspektive dadurch möglich geworden war, dass ich mich geöffnet hatte und neuen Aufgaben offen gegenüberstand.

Vor wenigen Jahren sind Sie ernsthaft erkrankt. Die Überlebenschancen standen nicht gut. Wie empfinden Sie diese Zeit zurückblickend?

Natürlich war meine Erkrankung eine einschneidende Erfahrung. Mir wurde klar, dass mein Leben viel schneller zu Ende sein kann, als ich dachte. Das führte zu einer Überprüfung meiner Lebensweise, meines Verhaltens und meines Umgangs mit allen Ressourcen, die mir dieses Leben bietet. Dann kam die Erkenntnis der eigenen Machtlosigkeit. Die Tatsache, dass mir auf einmal die Möglichkeit zum selbstbestimmten Handeln entzogen war. Und dann war da wieder das nüchterne Einsetzen des Gefühls, nun wieder funktionieren zu müssen. Ich wollte erst einmal nach Hause und meine persönlichen Dinge ordnen. Ich wollte meiner Frau so wenig Sorgen und Nöte hinterlassen wie möglich.

Hat die plötzliche Wahrscheinlichkeit, dass Ihr Leben überraschend schnell enden könnte, besondere Erkenntnisse bewirkt?

Zunächst einmal die nüchterne Erkenntnis, dass es nicht nur andere trifft. Ich war nun selbst betroffen. In diesen Tagen habe ich mein Leben Revue passieren lassen. Die persönlichen Sorgen und Probleme erschienen mir plötzlich in einem ganz anderen Licht. Was gestern noch gewaltig und nur schwer überwindbar schien, war plötzlich klein und nichtig. Ich habe in dieser Zeit sehr viel nachgedacht und mit vielen Sachverhalten meinen Frieden gefunden. Es war weniger eine bestimmte Erkenntnis als vielmehr Fragen, die mich plötzlich nicht mehr losgelassen haben. „Warum lässt Gott das zu? Was habe ich getan, dass mir das passiert?"

Mir wurde bewusst, dass es nur sehr wenige Menschen in meinem Umfeld gibt, mit denen ich diese tiefen inneren Fragen besprechen konnte. Ich wusste nicht, wie viel Zeit mir bleibt, wollte ihnen aber auf den Grund gehen. Im Wesentlichen waren es zwei Freunde, die mir in dieser Zeit telefonisch, im E-Mail-Kontakt und durch ermutigende Briefe geholfen haben. Zwei Erkenntnisse wurden mir im Hinblick auf meinen Glauben besonders wichtig. Erstens: „Denke immer daran, dass Jesus Christus für uns Menschen zur Vergebung unserer Sünden am Kreuz gestorben ist." Auf dieser Basis habe ich meine Gebete an Gott gerichtet. Zweitens die Überlegung, ob die Frage, warum Gott Leid zulässt, überhaupt berechtigt ist. Ich habe mit dieser Frage einen Vorwurf an Gott verbunden. Sollte ich aber nicht zunächst bei mir selbst beginnen? Sollte ich mich nicht zunächst hinterfragen, welchen Eigenanteil ich an meiner Situation habe? Mich hat das herausgefordert, über meine Eigenverantwortung nachzudenken.

Was hat sich dadurch in Ihrem Leben verändert?

Als Erstes bin ich dankbar, dass mir eine lange Zeit des Nachdenkens zuteilwurde. Natürlich hätte ich gerne auf diese schwere Krankheit verzichtet. So danke ich Gott, dass die medizinische Behandlung mich hat gesunden lassen. Die ursprüngliche Diagnose ließ zunächst nur eine begrenzte Hoffnung zu. Gleichzeitig muss ich auch für mich konstatieren, dass durch Verdrängung und eine vermeintlich wiederhergestellte Normalität die guten Vorsätze schnell wieder über Bord geworfen werden. Alte eingeschliffene Verhaltensmuster drohen, wieder die Oberhand zu gewinnen. Heute versuche ich, bewusster zu leben, mich auch bewusster zu ernähren. Ich habe mir mehr Gelassenheit auf die Fahnen geschrieben. Ich behandele alle Aufgaben etwas entspannter, und trotz der Tatsache, dass meine Bürotür immer für jedermann offen steht, sage ich konsequent auch einmal „Nein".

Wovon träumen Sie, wenn Sie an den Rest Ihres Lebens denken?

Ich möchte alte Verhaltensmuster korrigieren und mehr als bisher meine Träume leben. Dabei habe ich mir vorgenommen, erreichbare Ziele zu setzen. Aufgrund der Krankheit meiner Frau werden wir den Traum einer Weltreise wahrscheinlich nicht mehr realisieren können – ich weiß nicht, ob wir überhaupt jemals wieder eine Reise in die Ferne unternehmen können. Deshalb träume ich davon, dass meine Frau trotz ihrer Erkrankung ein lebenswertes Leben führen kann. Ich träume davon, dass wir unser Leben gemeinsam in Frieden und Sicherheit leben können. Ich wünsche mir, dass Gott mir nach meiner schweren Krankheit das wiedergewonnene Leben erhält. Wenn man erst einmal erkannt hat, dass man seine Wünsche einer übergeordneten Instanz, nämlich Gott, vortragen kann, und wenn man daran glaubt, dass man sich auf Gott verlassen kann, dann wird es auch gelingen, sich aus der eigenen Verkrampfung, aus den eigenen Fesseln zu lösen. Es ist doch immer so, dass wenn man locker und unverkrampft an die Lösung einer Sache herangeht, die Chance des Erfolgs steigt. Den unerfüllten Wünschen aus der Vergangenheit nachzutrauern macht keinen Sinn. Die Frage ist: Was entscheide ich heute für den Rest meines Lebens? Niemand von uns weiß, wie viel Zeit ihm noch bleibt.

Das innere Hamsterrad – warum viele Menschen innerlich leer bleiben

Der materielle Fortschritt befriedigt keines der Bedürfnisse,
die der Mensch wirklich hat.
Winston Churchill

Im Rahmen einer Vortragsreise übernachtete ich in einem Hotel in einer deutschen Großstadt. Morgens zum Frühstück war das ganze Restaurant gefüllt, sodass mir der letzte verbleibende Platz zugewiesen wurde, direkt neben einem sehr eleganten und offensichtlich auch vermögenden älteren Ehepaar. Die beiden waren mir gleich beim Eintritt ins Restaurant aufgefallen, weil sie – es war ein Sonntagmorgen – in ihrer exklusiven Erscheinung aus der Masse der in Freizeitkleidung frühstückenden Gäste herausstachen. Da die Tische eng beieinanderstanden, bekam ich alles, was diese Eheleute am Tisch neben mir besprachen, unmittelbar und in deutlicher Lautstärke mit.

Die Dame und der Herr beschwerten sich permanent über alle möglichen Dinge: Das Rührei war zu kalt, die Milch nicht zum Kaffee passend, der Mann war seiner Frau nicht aufmerksam genug, die Frau ihrem Mann zu negativ, und überhaupt konnte man den Eindruck gewinnen, das ganze Leben wäre für beide ein einziger Leidensweg. Das ging eine knappe Stunde so, und zusammengefasst sprachen aus diesem Paar zwei Dinge: Unzufriedenheit und Frust. Äußeres Erscheinungsbild und innerer Zustand passten nicht zusammen.

In uns brennt eine Sehnsucht nach Leben, die mit äußerem Erfolg allein nicht zu stillen ist. Viele Menschen können, wenn sie ehrlich sind, ein „außen hui, innen pfui" für ihr eigenes Leben bestätigen. Das klingt hart, entspricht aber der Realität. Wir leiden innerlich vor uns hin, trotz guter Umstände und scheinbarem Erfolg. Mit aller Macht versuchen wir, die äußere Fassade, den Schein vom schönen Leben, aufrechtzuerhalten, während uns innerlich Kraft und Perspektive fehlen und wir längst auf Reserve fahren. Das ist keine Anklage, sondern die Analyse eines Zustandes, der mir häufig begegnet, mich zutiefst bewegt und der unbedingt verändert werden sollte.

Michael Schmitz, früherer Journalist und Kriegsreporter für das ZDF und heute als Professor für Psychologie und Management (unter anderem im Coaching von Führungskräften) tätig, spricht in einem Interview mit dem Wirtschaftsmagazin *brand eins* über die Nöte der Erfolgreichen. Dort stellte man ihm die Frage: „Viele Ihrer Kunden sind privilegiert: erfolgreich im Beruf, gutes bis sehr gutes Einkommen, beeindruckende Karriere. Warum sind diese Leute unglücklich?" Schmitz antwortete: „Weil sie das Gefühl haben, mit ihrem bisherigen Lebenskonzept nicht mehr weiterzukommen. Sie sind unzufrieden oder haben das Gefühl, aus ihrem Leben nicht das zu machen, was sie eigentlich wollen ... Die eigene Situation zu verändern und sich neu zu orientieren verlangt die Bereitschaft, sich mit sich selbst auseinanderzusetzen. Das ist nicht immer angenehm." Frage: „Wozu soll diese Auseinandersetzung führen?" Antwort: „Es geht darum, besser zu verstehen, welche Motive das eigene Handeln steuern, zum Beispiel das Streben nach Macht oder Anerkennung. Die Frage ist, welchen Preis wir dafür zahlen. Wenn ich nach 20 Jahren Karriere eine Führungsposition mit hohem Einkommen und gesellschaftlichem Ansehen habe, aber keine gute Ehe, kein herzliches Verhältnis zu meinen Kindern, keine Interessen außerhalb der Arbeit, dann entstehen Sinnkrisen ..."[5]

Einzelne tragische Beispiele belegen das Dilemma. Carsten Schloter etwa, Chef des Schweizer Telekomriesen *Swisscom*, der

im Sommer 2013 – auf dem Höhepunkt seiner Karriere – Selbstmord beging. Schloter galt als erfolgreich, topfit und charisma-
tisch. Er legte eine Bilderbuchkarriere hin, arbeitete nach dem
Studium für verschiedene namhafte Konzerne, ging dann in die
Schweiz und stieg dort 2006 zum Vorstandsvorsitzenden der
Swisscom auf. Neben seinem beeindruckenden beruflichen Werdegang war Schloter in seiner Freizeit passionierter Mountain-
biker, Skibergsteiger und Jogger. Er führte ein Leben am Limit,
ein Leben im Rampenlicht. Karriere, Ansehen, Macht und Geld
– alles vorhanden. Trotzdem scheint, was immer der Auslöser für
den Suizid gewesen sein mag, all der Erfolg nicht ausgereicht zu
haben, ihm Hoffnung, Kraft und Lebensmut für die Zukunft zu
geben. *Die Welt* schreibt über sein Schicksal:

„Sein Selbstmord ist der wohl erschütterndste Todesfall der
jüngeren Schweizer Wirtschaftsgeschichte. Der 49-Jährige war in
der Blüte seiner Schaffenskraft, er war erfolgreich, er war in Wirtschaft und Politik hoch angesehen, wurde auch von Gegnern ob
seiner Visionen und seiner scharfen Rhetorik respektiert. Gut
aussehend und sportlich, verkörperte er Virilität, er war einfluss-
reich und wohlhabend, blieb dabei aber immer bescheiden. Die
Karriere des Carsten Schloter schien ungebremst ...“[6]

Was auch immer der Auslöser für dieses tragische Ereignis
war, so klaffte offensichtlich eine Lücke zwischen beruflichem
Erfolg einerseits sowie innerer Lebensqualität und Erfüllung andererseits in seinem Leben – eine Diskrepanz zwischen äußerem
Schein und innerem Sein. Das genannte Beispiel ist kein Einzel-
fall, allenfalls die aufsehenerregende Spitze des sprichwörtlichen
Eisberges, wie auch diese Schlagzeile verdeutlicht: „Zehntausende verstecken Depression vor dem Chef", titelte die *Welt*.[7] Und
liefert Fakten: Arbeitnehmer verstecken ihre seelischen Nöte aus
Angst vor Ausgrenzung und Jobverlust, etwa jeder 20. Deutsche

leidet einer bundesweiten Befragung zur Gesundheit zufolge an Depressionen. In absoluten Zahlen sind das rund zwei Millionen Erwerbstätige. Die Zahl der Antidepressiva-Verordnungen steigt. Viele Menschen halten sich mit Tabletten fit, für ihren Alltag und für den Arbeitsmarkt. Und weil seelische Verwundbarkeit unter Managern als geächtet gilt, ist das Phänomen „heimlich depressiv" vor allem in Führungspositionen weit verbreitet. „Man glaubt gar nicht, wie viele Entscheidungsträger in großen Unternehmen sich mit Psychopillen einsatzfähig halten", sagt ein Arbeitspsychologe mit Einblick in die Chefetagen der Wirtschaft. Das Problem ist in allen Gesellschaftsgruppen und Altersschichten verbreitet. Die Menge der Antidepressiva, die in Deutschland Jahr für Jahr über die Ladentheken geht, ist enorm: 1,2 Milliarden Tagesdosen waren es 2012 laut Arzneiverordnungsreport. Dafür gaben die Kassen fast 45 Milliarden Euro aus. Im letzten Jahrzehnt hat sich die Zahl der Antidepressiva-Verordnungen verdoppelt, bei manchen Wirkstoffen sogar verzehnfacht.

Als einen wichtigen Grund für den Anstieg psychischer Erkrankungen nennt der Präsident der Bundespsychotherapeutenkammer, Rainer Richter, den „Druck zur Selbstverwirklichung". Die Freiheit eines jeden, so Richter, seine Individualität und Identität heute selbst zu finden, führe öfter zur Erschöpfung.[8] Das hat auch damit zu tun, dass Freiheit und der Bedarf nach Orientierung korrelieren. Je mehr Freiheit ich habe, desto mehr Orientierung brauche ich. Wenn mein persönlicher und beruflicher Werdegang vorbestimmt sind und ich kaum Optionen habe, brauche ich auch keinen Maßstab, keine Leitplanken und keinen roten Faden, an dem ich mich orientieren kann – mein Leben läuft ohnehin in die vorgezeichnete Richtung. Wenn ich allerdings selbst wählen kann, erfordert dies eine Klärung der Frage, was ich will und woran ich mich orientieren möchte. Was uns also einerseits von Vorteil ist – nie gab es mehr Möglichkeiten und Freiheiten im persönlichen Leben –, kann uns andererseits leicht überfordern.

Was folgt daraus? Wir brauchen einen Ausstieg aus dem Hamsterrad, und zwar äußerlich wie innerlich. Wir müssen unser Herz und unsere Träume in unsere Lebensgestaltung einbeziehen, um ein sicheres Fundament für unser Leben zu gewinnen. Darum soll es im nächsten Kapitel gehen.

Ein sicheres Fundament für unser Leben:
Identität, Selbstwert und Sicherheit erlangen

Unsere Glückseligkeit geht vom Herzen aus.
George E. Vaillant

Tief in uns brennen drei wichtige Fragen, die danach verlangen, beantwortet zu werden: die Fragen nach Identität, Selbstwert und Sicherheit.

Identität: Per Definition bedeutet Identität die Echtheit und innere Einheit einer Person. „Bin ich identisch mit dem, der ich bin?" Es geht also um eine Übereinstimmung mit unserem „Selbst", unseren Anlagen und moralischen Vorstellungen. Um unsere Identität zu klären, braucht es Antworten auf die Fragen „Wer bin ich?", „Woher komme ich?" und „Wohin gehe ich?". Eine schlüssige und befriedigende Antwort darauf gibt unserem Leben Ziel und Sinn. Wir werden eingebettet in eine Lebensklammer, die uns Halt und Orientierung gibt. Gleichzeitig brauchen wir eine Versöhnung mit uns selbst, eine Akzeptanz dessen, wer und wie wir sind. Kann ich mich selbst annehmen, oder versuche ich, jemand anderes zu sein? Bin ich versöhnt mit mir und meiner Geschichte, oder versuche ich, Verletzungen zu kompensieren und es anderen Menschen „zu beweisen"?

Der Popstar Michael Jackson, laut *Guinness-Buch der Rekorde* der erfolgreichste Entertainer aller Zeiten, ist ein prominentes Beispiel dafür, dass das Finden der eigenen Identität eine wichtige Voraussetzung für unser Lebensglück ist – unabhängig von Erfolg und Ruhm. Wie viele andere Größen im glitzernden Showbusiness auch hatte er Schwierigkeiten, sich selbst zu akzeptieren. Ein Leben lang versuchte er, sich eine Scheinidentität aufzubauen. Sein tragisches Ende ist bekannt, und ob er jemals wirklich glücklich war, ist mit einem großen Fragezeichen zu versehen.

Erst wenn unsere Identität geklärt ist, können wir innerlich zur Ruhe kommen. Wir gewinnen einen Frieden, der eine stabile Ausgangsbasis und Souveränität für unser Leben und Handeln bewirkt.

Selbstwert: Was macht mich und mein Leben wertvoll? Woher beziehe ich meinen Wert? Wer bestätigt mich? Wir sind bedürftig danach, Wert zu empfangen. Wertvoll zu sein hat etwas mit Würde zu tun und bedeutet, innere Stabilität und Souveränität zu entwickeln, unabhängig zu werden von äußeren Umständen, auch der Meinung anderer Leute. Wem es an Selbstwert mangelt, ist in seiner Persönlichkeit geschwächt, was oft durch übertriebene Selbstdarstellung und Profilierungsgehabe zu kompensieren versucht wird. Hinter manch glänzender Fassade weht nur ein laues Lüftchen, besonders provokantes Auftreten ist oft ein Schrei nach Liebe und Annahme. Wertvoll zu sein ist also eine Grundsehnsucht in uns, wie ein Vakuum, das ständig danach verlangt, gefüllt zu werden. Wie können wir es füllen?

Viele Menschen versuchen, ihren Wert aus ihrer Leistung zu ziehen. Das hat mit einer Prägung zu tun, die uns schon in der Kindheit mit auf den Weg gegeben wird: Annahme und Liebe erhalten wir nur, wenn unsere Leistungen stimmen, wenn das Schulzeugnis gut, der Teller leer gegessen und das Zimmer aufgeräumt ist. Der Wert unseres Lebens wird also unbewusst mit dem verbunden, was wir leisten. Wie der Esel, dem, um ihn anzutreiben, die Karotte vor die Nase gehalten wird, versuchen wir durch gute Leistungen Bestätigung zu bekommen und so das Bedürfnis unseres Herzens nach Anerkennung zu stillen. In dieser Haltung zu leben ist anstrengend und kann nur so lange funktionieren, wie wir leistungsfähig sind. Was aber geschieht, wenn wir aufgrund von Alter, Krankheit oder Arbeitslosigkeit hierzu nicht mehr in der Lage sind? Der Wert unseres Lebens darf nicht aus unserem Tun kommen. Wir brauchen eine bedingungslose Wertquelle außerhalb von uns selbst und unabhängig von unserer Leistungsfähigkeit.

Sicherheit: Im Wörterbuch wird Sicherheit als ein Zustand des Beschütztseins vor Gefahr oder Schaden und als ein höchstmögliches Freisein von Gefährdungen umschrieben. Alle möglichen Angebote von Versicherungen versprechen uns, dass im Schadensfall alles abgesichert sei. Interessant ist die Wortwurzel: Sicherheit leitet sich ab vom lateinischen *securitas*, was so viel bedeutet wie *sorglos* oder *ohne Sorge sein.*

Bei allen Blitzumfragen zu diesem Thema habe ich bisher niemanden gefunden, der das nicht gerne wäre: sorglos. Während Unsicherheit lähmt und Angst blockiert, macht uns Sicherheit fit für ein aktives und selbstbestimmtes Leben. Sicherheit ist für uns elementar, und die Frage stellt sich, woher wir diese beziehen. Was gibt meinem Leben Sicherheit? Worauf setze ich mein Vertrauen? Ist meine Sicherheit mein Aktiendepot, der Arbeitsplatz oder die eigene Leistungsfähigkeit? Was, wenn der nächste Börsencrash, die nächste Entlassungswelle oder eine Krankheit mich erwischen?

Identität, Selbstwert und Sicherheit formen die Grundlage unseres Seins und sind Voraussetzung für Wirksamkeit und Erfüllung, sie bilden eine stabile Basis, auf der wir – vergleichbar mit dem Bau eines Hauses – unser Leben gestalten können.

Unser Herz, das Zentrum unserer Persönlichkeit, bildet das Fundament unseres Lebenshauses, an dem wir unser ganzes Leben hindurch bauen. Für das Herz ist es von großer Bedeutung, inwiefern wir die Fragen nach Identität, Selbstwert und Sicherheit beantwortet haben. Die verschiedenen Etagen und Zimmer stehen für unterschiedliche Lebensbereiche wie Partnerschaft, Familie, Beruf, Freundschaften, Hobbys oder ehrenamtliche Engagements. Der architektonische Stil des Hauses – solider Klinkerbau, glänzendes Bürogebäude, elegante Villa oder eher rustikale Blockhütte – hat etwas mit der Färbung unserer Per-

sönlichkeit zu tun. Höhe und Ausmaße hängen mit den individuellen Lebenszielen zusammen. Entscheidend für die Standfes-
tigkeit des Gebäudes ist ein tragfähiger Untergrund, eine solide
Basis, ein gesundes Herz. Wenn das Fundament aber mangelhaft
ist – das heißt, die Fragen nach Identität, Selbstwert und Sicherheit nicht zufriedenstellend geklärt sind –, bleibt nichts anderes
übrig, als Hilfsstützen einzubauen, um der Statik gerecht zu werden. Diese Hilfsstützen stehen für ein Leben aus eigener Kraft
und Anstrengung, die Begrenzung auf unsere limitierten persönlichen Ressourcen, ein mühevolles Abrackern dafür, den äußeren Schein aufrechtzuerhalten. Das alles verbunden mit Ängsten
und Sorgen, innerer Unsicherheit, dem oft ungestillt bleibenden
Wunsch nach Anerkennung und Liebe. Ein inneres Hamsterrad
tut sich auf, ein permanenter und kräftezehrender Wettlauf gegen den Verfall. Das Gebäude – je höher, desto mehr – muss getragen und die Fassade gewahrt werden, was pausenlosen Einsatz
erfordert. Mit dem Ergebnis, dass wir früher oder später müde
werden, ausbrennen, an unsere Grenzen kommen und uns die
Sinnfrage stellen. Arbeiten, heimkommen, fernsehen, schlafen,
aufstehen, arbeiten ... es muss doch mehr geben als das! Je mehr
aber die Fragen nach Identität, Selbstwert und Sicherheit zufriedenstellend beantwortet werden und unser Herz dadurch erfüllt
wird, desto mehr können wir die selbsterrichteten Hilfsstützen
zurückbauen und auf Basis eines stabilen und tragfähigen Un-
tergrundes unser Leben positiv gestalten. Doch wie kommen wir
dorthin?

Die Lösung besteht darin, in den originalen Zustand unseres Lebens zurückzukehren. Es braucht eine Wiederherstellung
unseres ursprünglichen Designs, um von innen heraus ein festes
und auch durch Schwierigkeiten hindurch tragendes Fundament
zu entwickeln. Dies liegt auf der Hand, wenn wir an den Anfang

unseres Lebens denken. Als neugeborenes Baby ist unser Platz in den Armen der Mutter. Dort finden wir Geborgenheit, Zuneigung, eine bedingungslose Daseinsberechtigung. Das Grundvertrauen wird hier gelegt, die Frage nach dem Sinn, nach dem Woher und Wohin unseres Daseins durch bedingungslose Annahme und Liebe beantwortet. Die Identität des Babys ist klar: ein von den Eltern geliebtes Kind zu sein, Sohn oder Tochter, dessen Wert alleine aus seiner Existenz genährt wird und das in einem geschützten Rahmen, nämlich unter der Fürsorge der Eltern und innerhalb des vertrauten Elternhauses, in seine Zukunft hineinwachsen darf. So weit der Sollzustand.

Wie das Baby die notwendigen Nährstoffe für ein gesundes und erfüllendes Leben aus der Beziehung zu Mutter und Vater bezieht, so brauchen wir auch die Beziehung zu dem, der uns geschaffen hat, damit die Bedürfnisse unseres Herzens tatsächlich gestillt werden können. Das christliche Menschenbild sei hier zugrunde gelegt: Wir brauchen eine Beziehung zu unserem Schöpfer, der jeden Menschen bewusst geschaffen und sich etwas Gutes dabei gedacht hat. Die Botschaft der Bibel, die Grundlage des christlichen Glaubens, ist ermutigend: Der Mensch wurde von Gott geschaffen, um aus der Beziehung zu seinem Schöpfer und in wohlwollenden zwischenmenschlichen Beziehungen ein erfüllendes, wirksames Leben zu führen und mit den ihm anvertrauten Ressourcen und Fähigkeiten kreativ und unternehmerisch tätig zu sein. In den göttlichen Geboten und der biblischen Ethik ist ein Schutzraum kreiert, innerhalb dessen sich der Mensch frei bewegen und entfalten kann. Wir bekommen einen Leitfaden an die Hand, eine Orientierungshilfe, durch die das persönliche Leben gelingen kann. In der liebenden Fürsorge des himmlischen Vaters getragen, können Mann und Frau ihre Position einnehmen und ihr Leben aktiv gestalten: in großer persönlicher Freiheit, geborgen in bedingungsloser Liebe und Annahme sowie begleitet von guten göttlichen Gedanken und Plänen. Der Psalmist schreibt davon in eindrücklicher Weise:

Du hast mich geschaffen – meinen Körper und meine Seele, im Leib meiner Mutter hast du mich gebildet.
Herr, ich danke dir dafür, dass du mich so wunderbar und einzigartig gemacht hast.
Großartig ist alles, was du geschaffen hast – das erkenne ich!
Schon als ich im Verborgenen Gestalt annahm, unsichtbar noch, kunstvoll gebildet im Leib meiner Mutter, da war ich dir dennoch nicht verborgen.
Als ich gerade erst entstand, hast du mich schon gesehen.
Alle Tage meines Lebens hast du in dein Buch geschrieben – noch bevor einer von ihnen begann!
(Psalm 139, Verse 13-16, Hoffnung für alle)

Wie viel Ermutigung, Bestätigung und Perspektive steckt in diesen Zeilen! Vergangenheit, Gegenwart und Zukunft werden umrahmt, ein ganzheitlicher Lebenskontext entsteht. Jeder Mensch – damit auch wir – ist als Persönlichkeit einzigartig und wunderbar geschaffen mit Wert, Würde und Anerkennung von höchster Stelle! Das heißt auch: Kein Mensch ist zufällig auf dieser Erde, und jeder ist wichtig. Für Gott, für andere Menschen, für sein Umfeld, für diese Welt! Das zu erkennen und sich mit dieser Wahrheit erfüllen zu lassen, ist die Ausgangsbasis für eine nachhaltige persönliche Veränderung von innen nach außen. Die Fragen nach Identität, Selbstwert und Sicherheit können beantwortet werden, was die Voraussetzung schafft, unser Leben mit neuer Qualität, Freude und Zufriedenheit anzureichern. Wir bleiben nicht bei Äußerlichkeiten stehen, sondern dringen zum Kern der Sache vor, was die Türe in eine neue Lebensdimension öffnet.

Dieser innere Paradigmenwechsel fand in meinem Leben 1996 statt. Damals entschied ich mich, fortan ein Leben als Christ zu führen. Vorausgegangen war eine Phase meiner Teenagerzeit, in der ich den Glauben meiner Eltern kritisch beäugte und teilweise stark gegen ihn rebellierte. Einige Jahre zuvor hatten meine Eltern zum Glauben an Jesus Christus gefunden. Mir war dieser Glaube lange Zeit suspekt, ich schämte mich dafür und wollte nichts damit zu tun haben. Gleichzeitig löste dieser elterliche Schritt deutlich wahrnehmbare positive Veränderungen in unserer Familie aus. Eine neue Qualität von Leben zog ein, mehr Frieden, Freiheit und eine ganz neue Zuversicht.

Doch auch bei mir wurden die Fragen nach Wert, Identität und Sinn lauter. Irgendwie wurde mir klar, dass diese Fragen nur in der persönlichen Gottesbeziehung zu beantworten waren. Etwas in mir zog mich zu Jesus Christus, dessen Existenz für mich zu diesem Zeitpunkt schon völlig klar war, dem ich mich aber noch nicht wirklich anvertraut hatte. Schließlich entschied ich mich dazu, selbst Christ zu werden.

Diese Entscheidung hatte konkrete Auswirkungen: Erstens kamen Gewissheit und Orientierung in mein Leben. Ich trat in Beziehung zu meinem Schöpfer, der gute Absichten und Pläne mit mir hatte, das brachte Gewissheit. Orientierung kam dadurch, dass ich in Gott und seinem Wort, der Bibel, einen Maßstab für mein Leben fand. Es war, als würde sich der Nebel endlich lichten. Wo ich verwirrte Ansichten hatte, etwa zur Lebensführung und der Gestaltung von Beziehungen, gewann ich durch die Auseinandersetzung mit den Inhalten des christlichen Glaubens Klarheit und neue Erkenntnisse. Ich begann, in der Bibel zu lesen, und versuchte dann ganz einfach das, was ich las, in meinem Leben umzusetzen. Hieß es dort „Du sollst nicht lügen", nahm ich mir vor, nicht mehr zu lügen. Die Erfolgsquote lag nicht gleich bei hundert Prozent, aber ein positiver Veränderungsprozess kam in Gang. Die sukzessive Überprüfung und Neuausrichtung meiner Denkmuster bewirkte eine Transformation meines Charakters und Handelns – natürlich bis heute nicht abgeschlossen, aber auf hoffnungsvollem Weg.

Die zweite wesentliche Auswirkung betraf den Aspekt meiner persönlichen Lebensplanung. Wie und wofür lebe ich? Welche Pläne und Ziele strebe ich an? Weil ich Gott als meinen mich liebenden Vater kennenlernte, der mich bewusst und gut geschaffen hat, wurde mir klar, dass er mir auch Stärken und Visionen geschenkt hat, die ich einsetzen und damit in der Welt etwas bewegen sollte. Meine ganze Lebensausrichtung bekam einen größeren Kontext, nämlich den der Berufung, die ich entdecken und leben wollte.

Drittens wirkt sich dieses Beziehungsfeld zu meinem Schöpfer in einer Ausweitung der persönlichen Ressourcen aus. Ich bin nicht mehr auf mich allein gestellt, sondern kann Gott um Hilfe und Führung bitten. Wichtige Entscheidungen zum Beispiel treffe ich, indem ich im Gebet um Weisheit bitte und dann oft inneren Frieden über einer bestimmten Option verspüre, die sich im Nachhinein als richtig erweist. In strategischen Fragen und operativen Herausforderungen kann ich mich zurückziehen und Inspiration suchen, was meine Kreativität und Wirksamkeit vergrößert. Mein ganzes Leben wurde von innen heraus positiv verändert.

Das bedeutet nicht, dass dieses Leben immer leicht ist. In allen Herausforderungen aber ist innerer Frieden möglich, unabhängig von den äußeren Umständen. Vor allem aber wurde mir meine wahre Identität bewusst: ein geliebtes Kind des himmlischen Vaters zu sein, dessen Sicherheit und Wert nicht aus dem kommt, was es hat oder tut, sondern das sein Leben wirksam gestalten kann, weil es sich angenommen und geborgen weiß.

Ich möchte ein weiteres Bild gebrauchen, das der drei Ebenen. Da ist die Überlebensebene, die Erfolgsebene und die Bedeutungsebene. Überlebensebene bedeutet, wir schaffen es gerade so über die Runden, nicht primär finanziell, sondern vor allem bezüglich Lebensqualität und Sinn. Diese Ebene – übrigens am meisten bevölkert – ist die „arbeiten-heimkommen-fernsehen-schlafen-aufstehen-arbeiten"-Ebene, hin und wieder vielleicht noch angereichert mit einigen sinnlichen Vergnügungen. Die Erfolgsebene – von deutlich weniger Menschen erreicht – steht für beruflichen und materiellen Erfolg. Dieser Erfolg ist legitim und durchaus erstrebenswert, kann aber, wie schon geklärt, die Fragen unseres Herzens nicht beantworten und keine wirkliche Freude und Erfüllung schenken. Dies geschieht erst auf der Bedeutungsebene. Erst die Bedeutungsebene gibt unserem Leben Sinn und Relevanz, wir ragen aus der Masse heraus, nehmen durch unser Sein und Tun positiven Einfluss auf unser Umfeld und machen mit unserem Leben, Handeln und Wirken einen Unterschied.

Damit wir auf die Bedeutungsebene gelangen können, braucht es das Zusammenwirken von zwei Faktoren: die beschriebene Erfüllung unseres Herzens sowie die Entdeckung und Verwirklichung unseres persönlichen Potenzials. Diesem werden wir uns im folgenden Kapitel widmen.

Im Spannungsfeld Potenzial – Position

Es gibt Träumer, die nicht arbeiten, und Arbeiter,
die nicht träumen.

Joyce Meyer

Ein Leben voller Bedeutung, Erfüllung, Entfaltung, Freiheit, Abenteuer, aus den verfügbaren Ressourcen etwas machen, Träume verwirklichen, in wohlwollenden und liebevollen Beziehungen leben. Das ist der Sollzustand, das Zielbild, nach dem wir uns – bewusst oder unbewusst – sehnen. Gleichzeitig gibt es einen Istzustand, der sich etwas anders darstellt. Viele Menschen werden gelebt und lassen sich treiben, sind mit allen möglichen Erwartungshaltungen und Sachzwängen konfrontiert, denen man permanent versucht, gerecht zu werden. Wie aber gelingt der Schritt vom Gelebtwerden zum Leben? Ist es möglich, eine Balance zu finden zwischen den sich unvermeidlich stellenden Aufgaben und Verpflichtungen des Alltags und den unerfüllten Träumen und Sehnsüchten in uns? Und wie können wir uns einen Überblick verschaffen, in welchen Lebensbereichen wir wo stehen? Als Hilfestellung, unser Leben diesbezüglich zu analysieren, verwende ich seit Jahren ein einfaches und hilfreiches Modell: die Potenzial-Position-Analyse.

Jeder Mensch steht in einem Spannungsfeld zwischen Potenzial und Position. Das Wort Potenzial kommt vom lateinischen *potentialis* und heißt so viel wie *noch nicht ausgeschöpfte Möglichkeiten*. Das Potenzial eines Menschen umfasst seine Stärken, Talente und Vorlieben, die persönlichen Träume und Zukunftsvorstellungen. Was ich gut kann, gehört zu meinem Potenzial. Was ich liebe zu tun, gehört zu meinem Potenzial. Wovon ich träume, wenn ich an meine Zukunft denke, ist Teil meines Potenzials. Jeder Mensch hat wertvolles Potenzial, es gibt niemanden auf der ganzen Welt, der nicht damit ausgestattet ist.

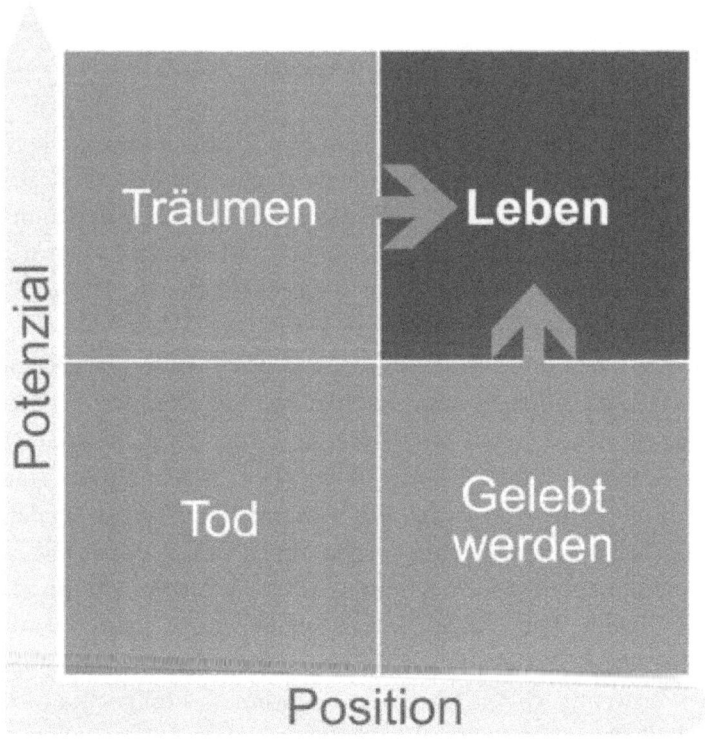

Gleichzeitig hat jeder Einzelne auch eine bestimmte Position. Das Wort Position kommt vom lateinischen *positio* und heißt so viel wie *die Situation, in der man sich aktuell befindet.* Die Position beschreibt das tatsächliche Leben, das Hier und Heute, die momentanen beruflichen wie privaten Umstände, Herausforderungen und Sachzwänge.

Nun lassen sich die beiden Achsen Potenzial und Position in einer Matrix darstellen, aus der sich vier Felder ergeben.

1. Wer sich seines Potenzials bewusst ist, dieses aber nicht umsetzt, träumt sein Leben. All jenes, das man sich wünscht bzw. das möglich wäre, aber noch nicht realisiert ist, bewegt sich im Träumen-Feld.

2. Wer andererseits eine starke Position innehat, das heißt, viel beschäftigt ist und ständig am Limit fährt, dabei aber versäumt, seine Träume und sein Potenzial zu berücksichtigen und einzusetzen, wird gelebt.

3. Die Konsequenz aus erloschenem Potenzial und verwaister Position wäre drittens der Tod. Nicht unbedingt ein physischer Tod, sondern grundsätzlich fehlende Vitalität, verloren gegangene Dynamik, Kreativität und Freude. In diesem Sinn hat praktisch jeder von uns Bereiche, vielleicht frühere Persönlichkeitsmerkmale oder Träume und Beziehungen, die im Laufe der Jahre wie abgestorben sind und sich deshalb im Todes-Feld bewegen.

4. Bleibt das vierte Feld der Grafik, das Leben-Feld. Je mehr wir Potenzial und Position in Übereinstimmung bringen, desto mehr leben wir unsere Träume und bewegen uns in der Dimension des Lebens, für das wir geboren wurden. In welchen Lebensbereichen und Aufgabenfeldern fühlen wir uns am vitalsten? Dort, wo wir tun, was wir lieben, und lieben, was wir tun. Wo unsere Stärken und Vorlieben mit den tatsächlichen

Aufgaben zusammenkommen. Wo es uns gelingt, Visionen in die Tat umzusetzen. Dort erleben wir Sinn, Freude und Erfüllung. Hier schwimmt der Fisch im sprichwörtlichen Wasser.

Nun können wir uns zunächst grundsätzlich in dieser Matrix orten. Stellen wir uns einmal spontan die Frage: In welchem der vier Felder befinde ich mich? Was sagt mein Kopf – und was sagt mein Herz? Danach lässt sich das Ganze weiter herunterbrechen in die einzelnen Lebensbereiche: Wo stehe ich bezüglich meiner Partnerschaft, meiner Freundschaften und sozialen Kontakte, meiner Karriere oder meiner persönlichen Bedürfnisse?

Bei jedem von uns spielen alle vier Felder eine Rolle. Wir alle haben Träume und nicht ausgeschöpfte Möglichkeiten. Gleichzeitig werden wir in manchen Bereichen gelebt. Wir stehen in Verantwortung – gegenüber der Familie, am Arbeitsplatz, es gibt Verpflichtungen und ein abzuarbeitendes Tagesgeschäft. Manches wiederum ist abgestorben oder im Laufe der Jahre verloren gegangen. Vielleicht Abenteuerlust, Fröhlichkeit, die Fähigkeit, das Leben zu genießen, oder eingegangene Beziehungen und Freundschaften. Hier gilt es zu reanimieren. Und es gibt Lebensbereiche, in denen wir uns im Leben bewegen und aus denen wir Sinn, Freude und Erfüllung schöpfen. Alle vier Felder sind damit Teil von uns. Der Psychologe Stephan Grünewald schreibt darüber in seinem Buch „Die erschöpfte Gesellschaft – Warum Deutschland neu träumen muss":

„Beide Seiten sind aufeinander angewiesen. Der Tag (Position), der den Traum komplett ignoriert, erstickt an seinen eigenen Effizienzdiktaten. Er dreht korrekturlos und alternativlos in den immer gleichen Hamsterradroutinen durch; blutleer und ideenlos verliert er den Bezug zu unbewussten Ängsten, Wünschen oder Zweifeln, die ihm die Möglichkeit eröffnen, seinen

Tageskurs anders zu bestimmen. Der Traum (Potenzial), der sich nicht auf den Tag und dessen Notwendigkeiten bezieht, versteigt sich in seine ästhetische Narrenfreiheit; er bleibt verworren, sinnlos, beliebig und lebensfern. Der Tag fungiert als eine Art Realitätsprinzip. Während der Traum alles übersteigert, infrage stellt, Werbung für die ungelebten Seiten des Lebens macht oder zur Revolte bläst, prüft der Tag, ob die nächtlichen Bildangebote überhaupt zu unserem Lebensstil passen ... Der Traum verleiht dem Tag Flügel. Der Tag wiederum macht dem Traum Beine ..."[9] Deshalb, so Grünewald, braucht der Einzelne und die Gesellschaft als Ganzes eine neue Rhythmik zwischen Traum und Tag (Potenzial und Position), zwischen Innehalten und Betriebsamkeit, und diese Rhythmik muss immer wieder neu austariert werden.

Ausgehend von unserer momentanen Position innerhalb der Matrix geht es nun darum, die Koordinaten Schritt für Schritt in das Leben-Feld zu verschieben. Dieser Veränderungsprozess beginnt damit, dass wir uns reflektieren und dann Entscheidungen treffen, das heißt konkrete Schritte gehen. Wie unser heutiges Leben zu einem großen Teil Resultat vergangener Entscheidungen ist, wird auch unsere Zukunft primär von den Entscheidungen geprägt, die wir heute treffen.

Der erste Schritt besteht darin, sich selbst ehrlich zu analysieren und den Mut zu haben, den persönlichen Status quo in Augenschein zu nehmen. Es geht darum, uns in einem positiven Sinn infrage zu stellen. Dabei helfen folgende Fragen (die sich übrigens gut mit einem weißen Blatt Papier reflektieren lassen, auf das wir dann – am besten zunächst unzensiert und ohne zu lange nachzugrübeln – die spontan in uns aufsteigenden Antworten schreiben. Dieses Blatt kann man dann immer wieder einmal zur Hand nehmen, weiter daran feilen und die eigenen Gedanken und Antworten so schärfen und fokussieren):

Träume
- Wovon träume ich?
- Wenn ich tun könnte, was ich will, was würde ich dann tun?
- Was wäre, wenn mein Leben heute endet? Was bliebe ungelebt, unerfüllt?

Persönlichkeit
- Was ist mir wirklich wichtig?
- Habe ich in mir Frieden, oder spüre ich Unfrieden?
- Wofür schlägt mein Herz?

Partnerschaft & Beziehungen
- Wer ist noch da, wenn ich nichts mehr leisten kann?
- Welchen Stellenwert haben die wichtigsten Menschen in meinem Leben?
- Wie geht es meinem Partner mit mir?

Freiheit
- Lebe ich, oder werde ich gelebt?
- Wie verbringe ich meine freie Zeit? Bringt mich das meinem Lebensziel näher?
- Wo stecke ich im Hamsterrad? Wie kann ich aussteigen?

Karriere
- Bin ich am richtigen Platz?
- Entspricht meine derzeitige berufliche Position meinen Vorstellungen?
- Was sind meine Stärken und Vorlieben? Kommen sie aktuell zur Geltung?

Sinn

- Bin ich vom Sinn meines Lebens überzeugt?
- Woher beziehe ich meinen Wert?
- Was gibt meinem Leben Sicherheit?

Keine Frage der Umstände

Unsere Zukunft beginnt genau dort, wo wir jetzt sind. Träume zu leben und mehr Lebensqualität zu gewinnen bedeutet einen Veränderungsprozess, der hier und heute anfängt und den jeder beginnen kann. Es geht um eine schrittweise Veränderung innerhalb des bestehenden Kontextes auf ein definiertes Ziel hin. Unter Berücksichtigung des vorhandenen Potenzials und beginnend in der aktuellen Position. Das Ziel ist „Leben", das heißt die zunehmende Übereinstimmung von Potenzial und Position. Ausgangspunkt ist immer die aktuelle Situation, der momentane Lebenskontext.

Veränderung beginnt im Rahmen der momentanen Umstände. Sie ist eine Reise, die schrittweise von innen nach außen verläuft, die in uns beginnt und dann nach außen sichtbar wird. Das ist wichtig zu verstehen, weil es von einem weit verbreiteten falschen Gedanken befreit: Ich wäre glücklicher, wenn meine Umstände anders wären … Oder: Wenn meine Umstände anders wären, würde ich …, könnte ich …, hätte ich … Die gute Nachricht ist: Wir sind nicht von den Umständen abhängig, sondern können innerhalb unserer Umstände proaktiv agieren und Veränderungsschritte gehen. Dieser Veränderungsprozess besteht aus Analyse und Lösungsweg, das heißt einer Untersuchung, einer „Infragestellung" des momentanen Lebens sowie daraus ableitend der Überlegung, ob es einer Veränderung bedarf und, wenn ja, welche Veränderungsschritte gegangen werden können.

Indem wir uns anhand der Grafik und den genannten Fragen reflektieren, beginnen wir, ein Bild von der Zukunft unseres Lebens zu malen. Wir skizzieren das in uns liegende Potenzial, bekommen eine Zielvorstellung und gewinnen neue Perspektiven. Egal, ob es um ein großes neues Lebensziel oder lediglich um die Veränderung kleinerer Stellschrauben geht, bringen uns die persönliche Reflexion und der Mut, die richtigen Fragen zu stellen, weiter. Wir rütteln am Status quo und öffnen die Fenster für frische Luft in unserer Komfortzone. Dabei kann es passieren, dass uns das dabei entstehende Zukunftsbild zunächst unerreichbar weit weg und unmöglich zu realisieren erscheint. Eine Lücke tut sich auf zwischen momentanem Zustand und unserem Ziel, ein Zweikampf zwischen Herz und Kopf entsteht. Während das Herz sagt „Ich will das", antwortet der Kopf „Wie soll das gehen?". Eine gute Frage, die beantwortet werden kann, indem die Differenz zwischen „Ziel" und „Heute" in einzelne Umsetzungsschritte heruntergebrochen wird. Wie eine Treppe, die uns hilft, ins nächste Stockwerk zu gelangen, geht es um kleine Schritte und sukzessive Veränderungen. Dadurch wird das Ganze praktikabel und umsetzbar. Wir lassen das Hamsterrad allmählich hinter uns und bewegen uns auf das Zielbild zu, welches wir nach und nach ins wirkliche Leben übersetzen.

III. HAMSTERRAD ADE

Aktivitäten-TÜV: Alles auf den Prüfstand

Der junge Mann, der mir im Gespräch gegenüber sitzt, erzählt von seinen beruflichen und privaten Aktivitäten und Verpflichtungen. Wir sprechen gerade darüber, in welchen Aufgaben er engagiert ist, und wo seine Tätigkeitsschwerpunkte liegen. Neben einer verantwortungsvollen beruflichen Position, die ihm die ganze Woche über viel Zeit und Energie abverlangt, berichtet er von diversen ehrenamtlichen Engagements, die praktisch jeden Abend in der Woche mit Terminen belegen. Nein, er ist nicht alleinstehend, sondern hat Frau und Kinder, und natürlich wartet auch seine Familie darauf, dass er zu Hause präsent ist. Kein Wunder, dass ihm das alles über den Kopf wächst und alle Beteiligten unter gewissen Mangelerscheinungen leiden. Nämlich an einem Mangel an freien Zeitfenstern, gemeinsamen familiären Beschäftigungen, an Ruhe und Erholung. Dazu das in ihm nagende schlechte Gewissen, aufgrund der vielfältigen Aufgaben niemandem wirklich gerecht werden zu können. Auf meine einfache Frage, WARUM er das alles macht, folgt erst einmal ratloses Schweigen ...

Viele Menschen leiden nicht an Unterbeschäftigung, sondern sind mit der Frage konfrontiert, wie ihre vielseitigen Aufgaben und Herausforderungen unter einen Hut zu bringen und zu bewältigen sind. Besonders die begabten und leistungsorientierten

Männer und Frauen üben eine hohe Anziehungskraft aus auf alle möglichen Jobs und Positionen, die es zu tun und zu besetzen gilt. Sowohl im Beruf als auch im Ehrenamt, in Vereinen, Organisationen und kirchlichen Einrichtungen gibt es eine Menge Arbeit zu tun. Wenn wir dazu noch die Neigung haben, Erwartungshaltungen erfüllen und andere Menschen nicht enttäuschen zu wollen, ist die Gefahr groß, dass wir bald mit einer Fülle an Aufgaben zugedeckt sind. Oft ist die Folge eine Überlastung. Dann brauchen wir keine zusätzlichen Aufgaben, sondern zuerst einmal Befreiung. Befreiung heißt, ich lasse Dinge los und gebe etwas auf, um neuen Freiraum zu gewinnen. Hilfreich ist deshalb eine Bestandsaufnahme unserer Aktivitäten, eine Analyse unseres Portfolios – damit meine ich die Summe an Aufgaben, Verpflichtungen, Jobs und Positionen, in denen wir stehen. Sich einmal selbst auf den Prüfstand stellen anhand der einfachen Frage: Warum tue ich, was ich tue? Gehört wirklich alles, was ich heute mache, zu meinem aktuellen Lebens-Portfolio?

Im Leitungsteam unserer Stiftung *Leaders' Integrity Foundation* haben wir uns vor einiger Zeit die Frage gestellt, welche Voraussetzungen eine Person erfüllen sollte, um Teil der Führungsmannschaft zu sein. LIF ist eine dynamische Bewegung von Menschen in Verantwortung aus Wirtschaft, Politik und Gesellschaft, mit viel persönlichem Engagement des Leitungsteams, aber ohne festangestellte Mitarbeiter – das heißt, jeder Einzelne bringt sich ehrenamtlich ein, weil wir ein gemeinsames Anliegen verfolgen. Uns wurde bewusst, dass es bei der Entscheidung über eine Mitgliedschaft im Leitungsteam nicht primär darum geht, wie viel Zeit jemand investieren oder welche Aufgaben er innerhalb der Stiftung übernehmen kann. Entscheidend bei einem möglichen Kandidaten ist vielmehr die individuelle Beantwortung der Frage: Habe ich den Eindruck, dass diese Aufgabe zu meinem aktuellen Portfolio gehört und jetzt für mich dran ist? Passt das in mein Leben und zu meinen Überzeugungen? Erst, wenn auf diese Frage ein klares „Ja" gegeben werden kann, prüfen wir weitere Kriterien, die wir darüber hinaus formuliert haben. Diese Vorgehensweise hilft jedem Einzelnen, eine bewusste Entscheidung zu treffen und die mit der Aufgabe verbundenen Anforderungen überblicken und einordnen zu können.

Simon Sinek, Berater und Bestseller-Autor aus den USA, hielt einen der am meisten geklickten Vorträge auf TED.com, einer Plattform mit dem Ziel, weltweit Menschen mit neuen Ideen und Impulsen zu inspirieren. Sein Thema: „Alles beginnt mit der Frage WARUM?"! In seinem Vortrag fordert Sinek seine Zuhörer heraus, über ihr „Warum" nachzudenken. Warum tun wir, was wir tun? Was ist unser Antrieb, unsere Überzeugung, unser Glaube? Welche Veränderung wollen wir erzielen, was ist die beabsichtigte Wirkung? Er macht klar, dass diese Frage nach dem „Warum" den entscheidenden Unterschied macht zwischen den besonders innovativen und den nur durchschnittlichen Menschen, Unternehmen und Organisationen. Leute, die ihr „Warum" geklärt haben, sind klarer, effektiver und attraktiver als andere. Sie wissen, was sie wollen, kommunizieren dies nach außen und erzielen eine größere Wirksamkeit. Sinek verwendet ein einfaches Modell. Während jeder sagen kann, *was* er tut, und manche erklären können, *wie* sie es tun, wissen nur die wenigsten, *warum* sie etwas tun. Das „Was" steht für unsere konkreten Aktivitäten, oder, im Fall eines Unternehmens, für die angebotenen Produkte oder Dienstleistungen. Das „Wie" steht für die Art und Weise, wie wir etwas tun, darin finden Stärken und Talente ihren Platz oder ein bestimmter Wettbewerbsvorteil. Das „Warum" ist unser innerer Antrieb, der Grund, warum wir existieren, uns investieren und jeden Morgen aufstehen.

Zurück zum eingangs erwähnten Beispiel: Der junge Mann konnte problemlos erklären, was er tut. Die ganze Woche über hart arbeiten und dazu noch fast jeden Abend mit einer ehrenamtlichen Aufgabe oder in einer Vereinssitzung verbringen. Auch das Wie geht noch relativ leicht von der Hand, allein das Warum bleibt oftmals ungeklärt. In seiner berühmten Rede im August 1963 anlässlich des „Marsches auf Washington" rief Martin Luther King: „I have a dream" – „Ich habe einen Traum!" und nicht: „Ich habe einen Plan!" Sein Traum mobilisierte die Massen und veränderte eine ganze Gesellschaft. Pläne helfen bei der Umsetzung, ein Traum aber beschreibt das Warum!

Was heißt das für uns, und wie können wir unsere persönliche Situation überprüfen? Wir notieren auf einem Blatt Papier unsere Aufgaben und Verantwortungsbereiche. Zunächst den Beruf, dann alle Aktivitäten und Verpflichtungen, die auf unseren Schultern liegen – eventuell das Engagement in einem Verein, ein Leitungsamt in einer Kirche oder Organisation etc. Dann können wir uns Position für Position folgende Fragen stellen:

- Habe ich den Eindruck, dass mein Engagement in dieser Sache richtig ist?
- Bin ich mit dieser Aufgabe zufrieden, oder spüre ich inneres Unbehagen?
- Wie kam ich zu diesem Job, und mit welcher Intention habe ich ihn einmal übernommen?
- Kann ich in dieser Aufgabe die von mir gewünschte Wirkung erzielen, oder läuft meine Energie ins Leere?
- Wie wirkt sich die jeweilige Aufgabe auf mich persönlich, auf meine Ehe und Familie aus?
- Und schließlich: Ist das heute für mich dran? Alles hat seine Zeit, und nur, weil eine Aufgabe vor einigen Jahren richtig war, heißt das nicht, dass sie es auch heute noch ist.

Indem wir unsere Situation so analysieren, klären wir unsere persönliche „Aufstellung". Damit setzen wir unsere Ressourcen wie Zeit und Energie noch zielgerichteter und effektiver ein. Wir trennen uns von unnötigem Ballast, gewinnen Freiraum zurück und können diesen für diejenigen Dinge nutzen, die uns wirklich wichtig sind, in denen wir etwas bewegen können und die uns vorwärts bringen.

Freiräume schaffen

> *Was würde ich anders machen,*
> *wenn mein Leben noch einmal beginnen würde?*
> *Ich würde unterwegs mehr anhalten,*
> *um den Duft der Rosen zu riechen.*
> Ingrid Trobisch

Wenn wir an „Hamsterrad" denken, verbinden wir damit Begriffe wie Ruhelosigkeit, permanente Anstrengung, sich im Kreis drehen, trotz hohen Energieeinsatzes nicht vorwärtskommen. Der Hamster im Käfig braucht sein Laufrad, weil er nicht anders kann – der Käfig lässt ihm ansonsten keinen Raum zum Laufen. Doch sein Einsatz bleibt ohne Wirkung, er verpufft im ewigen Kreisen. In unserem Fall geht es darum, außerhalb des Käfigs – das heißt nicht nur gelebt von Umständen, Sachzwängen und Erwartungen – unsere Energie zu investieren, und zwar nicht in ein sinnloses Im-Kreis-Drehen, sondern in das in uns liegende Potenzial.

Jeder Mensch ist in der Lage, Hamsterräder in seinem Leben zu benennen, die unsere Energie verbrauchen und dem Wunsch entgegenstehen, aus unseren Talenten und Ressourcen etwas zu machen. Die unserer Sehnsucht nach Sinn entgegenstehen, in unserem täglichen Leben und Handeln, in unserem Arbeiten und Wirken etwas zu verändern. Zudem kann es sein, dass das Hamsterrad im Laufe der Zeit eine Eigendynamik und Geschwindigkeit erreicht, die uns jede Luft zum Atmen nimmt. Doch es ist möglich, das Hamsterrad zu entschleunigen, anzuhalten und auszusteigen.

Das äußere Hamsterrad steht für alle Treiber, die von außen

auf uns einwirken und die uns zwingen, fremdbestimmt eine Geschwindigkeit und Schlagzahl mitzuhalten, die wir tatsächlich gar nicht wollen (und die uns eventuell auch überfordert). Dazu können die Anforderungen des Arbeitsplatzes gehören oder Ansprüche und Erwartungshaltungen anderer Menschen. Sehr oft leben wir, um den Erwartungen anderer gerecht zu werden, anstatt das zu tun, was uns wirklich auf dem Herzen liegt. Vielleicht sind wir an einem Arbeitsplatz positioniert, der gar nicht unseren Fähigkeiten entspricht. Die permanente Verbiegung, die Diskrepanz zwischen Potenzial und Position, beraubt uns unserer Lebensqualität. Deshalb ist die Beantwortung der bereits erwähnten Fragen wichtig. Warum tue ich, was ich tue? Bin ich am richtigen Platz? Verspüre ich innere Zufriedenheit, oder fühle ich mich getrieben?

Doch selbst wenn wir diese Fragen beantwortet haben und Veränderungsbedarf erkennen, laufen wir Gefahr, im Hamsterrad zu überdrehen. In einer Welt voller Ablenkung, Aktionismus und Lautstärke ist es schwierig, sich auf das Wesentliche zu konzentrieren und zur Ruhe zu kommen. Zu unseren Treibern gehören auch die modernen Kommunikationsmittel. Carsten Schloter, Vorstandsvorsitzender der *Swisscom*, spricht in einem Interview nicht lange vor seinem tragischen Selbstmord über dieses Dilemma.[10] Er sagt: „Die modernen Kommunikationsmittel haben auch ihre Schattenseiten. Das Gefährlichste ist, wenn man in einen Modus der permanenten Aktivität verfällt. Wenn man auf seinem Smartphone dauernd nachschaut, ob neue Mails reingekommen sind." Dies führe dazu, dass man zu keiner Ruhe mehr finde. Jeder habe aber auch eine Verantwortung für sich selbst – „und soll sein Handy auch mal ausschalten". Die Redakteure der Zeitung fragen nach: „Können Sie das?", und Schloter antwortet offen: „Nein. Ich stelle bei mir fest, dass ich immer größere Schwierigkeiten habe, zur Ruhe zu kommen und das Tempo herunterzunehmen." Was wir deshalb immer wieder brauchen, sind Zeitfenster, die frei sind von beruflichen und privaten Verpflichtungen, auch frei sind von ständiger Erreichbarkeit. Das Handy und den Laptop einmal ausschalten, sich ein gutes Glas Wein oder eine gute Tasse Tee gönnen, die Gedanken baumeln lassen, sich bewusst Zeit zum Tagträumen oder Reflektieren nehmen, temporär unorganisiert sein. Anspannung und Entspannung, Konzentration und Reflexion müssen sich abwechseln. Wenn irgendetwas – ein Smartphone, eine Position, eine Person, ein soziales Netzwerk, eine Institution – zu viel Einfluss auf das persönliche Leben nimmt, ständig unsere Aufmerksamkeit beansprucht und die mitzuhaltende Geschwindigkeit auf Dauer über Gebühr erhöht, dann ist es die Verantwortung des Einzelnen, „Stopp" zu sagen und einen Schutzraum zu kreieren. Das ist wichtig für sich selbst und für die Menschen im persönlichen Verantwortungsbereich, privat wie beruflich, zum Beispiel Partner, Familie und Mitarbeiter. Diese Aufgabe gehört zur Eigenverantwortung und kann nicht delegiert werden. Wenn wir das nicht tun, werden wir gelebt.

Das Wirtschaftsmagazin *brand eins* widmet eine ganze Ausgabe dieser sowohl für unser persönliches Wohlergehen als auch unseren gesellschaftlichen Fortschritt entscheidend wichtigen Thematik.[11] Die Konzentration auf das Wesentliche, und dazu brauchen wir Zeitfenster der Ruhe in einer lärmenden Welt, ist die Voraussetzung für erfolgreiches Leben, privat wie beruflich. In unserer Ablenkungsgesellschaft – ständig bimmelt das Smartphone, zwitschert und boingt etwas, und dann noch all die Meetings, Events, Präsentationen – werden diejenigen die Nase vorne haben, die es lernen zu meditieren, das heißt, in Ruhe nachzudenken. Ein erster Schritt aus dem Hamsterrad heraus ist deshalb Nachdenken und Konzentration. Genau das, was wir anhand der

Potenzial-Position-Matrix und der genannten Fragen bereits getan haben. Das Wort Konzentration kommt vom lateinischen *concentra* und heißt so viel wie *zusammen zum Mittelpunkt*. Laut Wikipedia bedeutet Konzentration „die willentliche Fokussierung der Aufmerksamkeit auf eine bestimmte Tätigkeit, das Erreichen eines Zieles oder das Lösen einer gestellten Aufgabe". Menschen, die Innovation und neue Erfolge wollen, so *brand eins*, müssen also zuallererst für Ruhe und neue Ordnung sorgen.

Wie in der Natur die Jahreszeiten wechseln, wie bei einem natürlichen Flussverlauf kurvige und gerade Strecken abwechseln, Beschleunigung und Entschleunigung Hand in Hand gehen, so brauchen auch wir immer wieder Zeitinseln für uns selbst, freie Abschnitte im Terminkalender, unverbaut von den täglichen Aufgaben. Das kann eine halbe Stunde am Tag sein, ein freier Abend pro Woche, einer oder (besser) mehrere Tage im Jahr, die man bewusst blockiert und in sich selbst investiert. Zur Ruhe kommen, Raum für Reflexion schaffen, sich selbst Freiräume erlauben, Sport treiben, wieder einmal Zeit zum Spielen haben. Wir sind mittlerweile so an ständige Hochgeschwindigkeit und absolute Verfügbarkeit gewöhnt, dass Zur-Ruhe-kommen vielen Menschen äußerst schwerfällt. Sehr oft machen wir bei uns selbst zuerst Abstriche und engagieren uns in noch mehr zusätzliche Aufgaben. Wichtig ist aber, sich selbst immer wieder einmal Luft zum Atmen zu gönnen und den Kopf aus der Gelebt-werden-Position in das Träumen-Feld zu strecken.

Im Rahmen unserer Stiftung *Leaders' Integrity Foundation* (www.lif.ch) haben wir dazu ein besonderes Angebot für Führungskräfte und Verantwortungsträger, die sogenannten „Wohltutage für Führungspersonen". Diese Wohltutage bieten eine dreieinhalbtägige Auszeit für Vielbeschäftigte. In einem (wie der Name sagt) wohltuenden Umfeld, weg von der Hektik des Tagesgeschäftes, treffen wir uns in einem kleinen Kreis zum Austausch, zur persönlichen Reflexion und zum Auftanken. Wir wandern zusammen, genießen gutes Essen, profitieren von den Erfahrungen der anderen und haben Zeiten sowohl des Inputs als auch der Reflexion und Ruhe. Diese Tage sind eine hervorragende Gelegenheit zur persönlichen Bestandsaufnahme und Neuorientierung, zu Ermutigung und Inspiration.

Unsere Erfahrungen mit diesen Tagen wiederholen sich praktisch bei jeder Durchführung. Zunächst ist es für fast jeden Teilnehmer ein großer Kampf, zu kommen. Warum? So viele andere Aufgaben und Termine würden in diesen Tagen wahrgenommen werden können. Es fällt vielen schwer, stattdessen in sich selbst zu investieren. Wenn die Teilnehmer es dann aber geschafft haben zu kommen, macht sich Begeisterung breit. Viele blühen regelrecht auf, kommen zu neuen Erkenntnissen, setzen Prioritäten neu, manche ändern sogar ihre Lebensführung. Praktisch jeder kehrt gestärkt und mit frischem Rückenwind nach Hause zurück, die Person selbst sowie ihr ganzes Umfeld profitieren von diesen wenigen Tagen.

Anhand eines Fragebogens fragen wir zum Ende der Tage jeweils schriftlich ab, was den Teilnehmern besonders gutgetan hat und welche wichtigen Erkenntnisse sie gewonnen haben. Hier einige Auszüge aus den Rückmeldungen, die deutlich machen, wie wichtig solche Zeitfenster für uns sind, und die ermutigen sollen, uns diese Inseln, in kleinem oder größerem Rahmen, immer wieder zu gönnen:

Diese Zeit hat mir gutgetan, weil ich vom Druck des Alltags abschalten konnte. Hier konnte ich mich öffnen und neue Kraft und Perspektiven gewinnen.

Eine Oase der Ruhe, wo ich über wesentliche Aspekte meines Lebens nachdenken konnte. Ich kann den Wert dieser Tage nicht mit Geld aufwiegen.

Meine wichtigste Erkenntnis: Es gibt mehr! Ein Ausbruch aus dem Hamsterrad ist möglich. Ich darf mich wichtig nehmen und Zeit für mich planen. Ich will wieder mehr meine Position in meinem beruflichen und privaten Verantwortungsbereich einnehmen.

Es geht zuerst um mich, meine Ehe und meine Beziehungen und dann erst um meinen Beruf und meine Berufung. Meine Frau und meine Kinder sind jetzt für mich dran.

Ich will und werde mich nicht mehr vor Verantwortung drücken, sondern in meinem Verantwortungsbereich meinen Mann stehen und neues Land einnehmen. Passivität führt dazu, dass mir Land geraubt wird.

Was ich erkannt habe: dass ich „ich selbst" sein darf und nicht den Erwartungen anderer genügen muss ...

Mein Leben soll nicht von anderen Menschen bestimmt werden. Ich bin „Kopf" und nicht „Schwanz". Ich werde weniger Aktivitäten zulassen und zuerst prüfen, ob sie wirklich für mich dran sind.

Arbeit und Leben – die richtigen Prioritäten setzen

Wie können wir Arbeit und Privatleben vereinbaren? Was macht den Unterschied zwischen „gelebt werden" und proaktiv selbstbestimmt leben – auch und gerade in herausfordernden und arbeitsintensiven Umständen? Eine neue weltweite Umfrage der *Harvard Business School* zeigt, was geht und was nicht. Dazu wurden fast 4000 Managerinnen und Manager rund um den Globus befragt. Ihre Antworten zeigen, trotz aller Unterschiede, deutliche Gemeinsamkeiten[12]: Statt immer nur auf Notfälle, die Erwartungen anderer und Anforderungen von außen zu reagieren, können und müssen wir selbst entscheiden, welche Chancen wir verfolgen wollen und welche wir verstreichen lassen. Das schafft die Grundlage dafür, sich in Beruf, Familie und Gesellschaft sinnvoll einzubringen. Wenn wir dauerhaft erfolgreich sein wollen, sowohl im Beruf als auch im Privatleben, müssen wir unser ganzes Leben im Blick haben und die verschiedenen Lebensbereiche so vereinbaren, dass weder wir selbst noch unsere Lieben zu Hause Schaden nehmen, aber auch die Voraussetzungen für den beruflichen Erfolg nicht verloren gehen. Menschen, denen das gelingt, achten sorgsam auf sich selbst und schenken Arbeit wie Privatleben die notwendige Aufmerksamkeit – und zwar über Jahre hinweg, nicht nur wochen- oder tageweise. Die Erkenntnisse aus der Harvard-Untersuchung basieren auf mehreren tausend Interviews mit Führungskräften weltweit. Ihre Geschichten und Ratschläge lenken den Blick unter anderem auf folgende Hauptmotive:

Erfolg für sich selbst definieren. Jeder Einzelne muss klären, was Erfolg für ihn bedeutet. Was heißt es für mich persönlich, erfolgreich zu sein? Das hat mit den persönlichen Werten und Zielen zu tun. Interessant ist, dass die in der Untersuchung be-

fragten Führungspersonen – Männer wie Frauen gleichermaßen
– bereichernde Beziehungen mit Abstand am häufigsten als Zei-
chen für persönlichen Erfolg angeben.

Technologien beherrschen statt beherrscht zu werden. Fast
alle Befragten sprachen darüber, wie wichtig es für sie ist, E-Mails,
SMS-Botschaften, Mailbox-Nachrichten und andere Kommunikationsmittel im Griff zu behalten. Zu entscheiden, wann, wo
und wie man erreichbar ist, ist wichtig und stellt eine ständige
Herausforderung dar. Alle waren sich einig darüber, dass Führungskräfte lernen müssen, Kommunikationstechnologien intel-
ligent einzusetzen.

Netzwerke aufbauen. Jeder braucht Menschen an seiner Seite,
die einen unterstützen – beruflich wie privat. Genauso wichtig
wie praktisch ist auch emotionale Unterstützung. Jeder Mensch
muss sich hin und wieder Luft machen, Dampf ablassen und
braucht dazu Vertraute, Freunde und Familie als Zuhörer. „Wenn
man jung ist, glaubt man, alles kontrollieren zu können. Das
kann man aber nicht", sagte ein Befragter. Besonders in schwierigen Zeiten oder persönlichen Krisen sind deshalb freundschaftliche Beziehungen und Mentoren wichtig.

Mit dem Partner zusammenarbeiten. Führungskräfte mit
starkem Familienleben sprachen in der Befragung immer wieder
davon, wie wichtig es sei, mit jedem Mitglied ihres Haushalts eine
gemeinsame Vision für den Erfolg zu haben – nicht nur für sich
selbst. Gemeinsame Ziele halten zusammen, das gilt für die Familie und besonders für Paare. Ein großer Teil bezeichnete emotionale Unterstützung als den wichtigsten Beitrag ihrer Partner für
ihre Karriere. Die Belastungen und Anforderungen in der heutigen Arbeitswelt sind intensiv und kommen von allen Seiten. Der
Partner kann dabei helfen, das Wichtige im Auge zu behalten, auf
Kurs zu bleiben und die richtigen Entscheidungen zu treffen.

Häufig, so erklärte einer der Befragten, wird der Ausgleich zwischen Arbeit und Familie ignoriert, „bis etwas schiefgeht". Doch auch ein solches Ignorieren ist eine Entscheidung, wenn auch keine sehr weise. Denn seit wann gehen umsichtige Führungskräfte davon aus, dass alles schon von selbst laufen wird? Wenn diese Haltung am Arbeitsplatz keinen Sinn ergibt, hat sie auch im Privatleben nichts zu suchen.

Aus dem Leben gegriffen II

I want my life back!

Christoph Senn ist international tätiger Unternehmensberater und Lehrbeauftragter an einer Universität. Nach Jahren auf der Erfolgsspur fasste er einen Entschluss, der sein Leben verändern sollte: I want my life back! (Ich will mein Leben wiederhaben!) Heute ist er dabei, zurückzuerobern, was ihm im Lauf der Jahre verloren gegangen ist. Hier erzählt er seine Geschichte.

Als ich mich Ende 2000 als Unternehmensberater selbstständig machte, fühlte ich mich bereit, die Welt zu erobern. Ein paar Jahre zuvor hatte ich mich nach Jahren der Suche entschlossen, ein Leben als Christ zu führen. Meinem Naturell entsprechend, begann ich, dieses Leben minutiös zu planen, und es machte Spaß zu sehen, wie sich die Erfolge an allen Fronten einstellten. Auch äußere Einflüsse, wie die Terroranschläge des 11. September 2001 mit dem damit verbundenen Geschäftseinbruch, oder anhaltende Sticheleien von Exchefs und Kollegen, die meine geschäftlichen Aktivitäten argwöhnisch beobachteten, konnten mich nicht von meinem Weg abhalten. Ein paar Jahre später hatte ich, gemessen am Maßstab meiner Erfolgskriterien, so ziemlich alles erreicht, was ich mir kurz- und mittelfristig vorgenommen hatte. Glücklich verheiratet, drei gesunde Kinder, ein schönes Haus im Grünen, ein tolles Auto und spannende Auslandsreisen – all das schien darauf hinzudeuten, dass Erfolg möglich ist, wenn man nur hart arbeitet und ein Leben nach christlichen Grundsätzen führt.

In diesem Glauben bestärkt, schien es mir nur logisch, dass sich nach der Ausbildung zum Generalstabsoffizier der Schweizer Armee die Gelegenheit ergab, als Bataillonskommandeur zusätzliche Verantwortung zu übernehmen. „Gott ist an meiner Seite – was kann mir schon passieren?", lautete mein Motto, und entsprechend zuversichtlich ging ich ans Werk. Und selbstverständlich ergriff ich nach Abschluss meiner militärischen Karriere die Chance, an einer renommierten Universität in den USA zu unterrichten. Doch der Preis, den es für all dies zu bezahlen galt, wurde zunehmend höher. Ich war noch mehr unterwegs und kannte auf viel geflogenen Strecken wie Zürich–New York die meisten Airline-Crewmitglieder mit Vornamen. Dafür sah ich meine Familie immer weniger, und wenn ich dann einmal am Wochenende zu Hause war, wollte ich am liebsten meine Ruhe haben. Auch der Freundeskreis kam zu kurz. Ich begann zu realisieren, dass sich mein Leben trotz globalem Aktionsradius zunehmend in einer sehr begrenzten Arena abspielte. Ich zog in Erwägung, mich etwas zurückzuziehen und über mein weiteres Leben nachzudenken. Dennoch war ich davon überzeugt, dass meine Leistungsgrenze noch längst nicht erreicht war, und setzte meinen eingeschlagenen Weg fort.

Nach einem weiteren, sehr intensiven Jahr mit knapp 200 Tagen Auslandsaufenthalt setzte mich eine verschleppte Mittelohrentzündung eine Woche außer Gefecht. Im Krankenhaus hatte ich dann Gelegenheit zur gewünschten Auszeit. Mir wurde klar: Irgendetwas läuft falsch! Dann fasste ich einen Entschluss, der mein Leben verändern sollte: I want my life back!

Nicht überraschend kam ich zum Entschluss, in Zukunft weniger zu arbeiten und meine Prioritäten anders zu setzen. Froh darüber, dass die Familie immer noch intakt war, unternahm ich die ersten Schritte in Richtung einer besseren Work-Life-Balance. Es war erfreulich zu sehen, wie vieles sich zum Besseren zu wenden begann, wofür ich sehr dankbar war. Doch insgeheim

schrieb ich mir diesen Erfolg selbst zu. Denn schließlich hatte
ich ja den Entschluss gefällt, meinem Leben eine neue Richtung
zu geben.

Doch mit der Finanzkrise Ende 2008 wurde mein Glaube auf
eine harte Probe gestellt. Aufgrund über Nacht stornierter Groß-
aufträge und hinausgeschobener Projekte waren wir gezwungen,
massive Entlassungen vorzunehmen. Entgegen meinen Absichten musste ich noch mehr arbeiten als früher, um die Auftrags-
ausfälle zu kompensieren. Und nur dank der Mobilisierung aller
verfügbaren Ressourcen gelang es, das Geschäft überhaupt am
Leben zu erhalten. Ich begann, ernsthaft am Wert des Glaubens
zu zweifeln, und so langsam kam die (zuvor oft verlachte) Leistungsgrenze in Sicht. Kurze Zeit später erhielt ich die Einladung
zu den LIF-Wohltutagen in Blaibach, einer Veranstaltung zur Reflexion und Neuorientierung für Führungskräfte. Das kam zur
richtigen Zeit. Das Programm sah vielversprechend aus, und interessiert meldete ich mich an.

Während dieser drei Tage erlebte ich dann so etwas wie ein
persönliches Waterloo. Viele von mir hochgehaltene „Lebens-
regeln" entpuppten sich als Irrwege. Ich realisierte, dass ich im
selbst aufgebauten Hamsterrad niemals ein wirklich erfüllendes
Leben führen könnte. Es war in der Tat wohltuend, im Kreise
gleichgesinnter Unternehmer den eigenen Lebensentwurf auf
den Prüfstand zu stellen und nüchtern zu hinterfragen. Ich lernte, die Spuren Gottes in meinem Leben trotz vieler Krisen zu
erkennen, und dass Christsein und Freude am Leben sich nicht
ausschließen. Zum Abschluss formulierte ich meine Absicht für
die Zukunft kurz und knapp mit den Worten: „I want my life
back!"

Heute geht dieser Wunsch zunehmend in Erfüllung. Allerdings funktioniert dies nicht mehr aus eigener Kraft. Ich habe

gelernt, Gottes Führung stärker zu vertrauen, und rechne bewusst mit seinem Eingreifen in kritischen Situationen. Gezieltes Coaching mit erfahrenen Unternehmern war mir hierbei eine große Hilfe. Obwohl der Abgrund der Wirtschaftskrise nicht verschwunden ist, erlebe ich eine größere Gelassenheit und Freude in meiner Tätigkeit. Nach wie vor gibt es Rückschläge in Plänen und Projekten, doch es macht mir nichts mehr aus, einmal die Arbeit liegen zu lassen und meiner Familie und Freunden erste Priorität zu geben. Ich muss auch niemandem mehr etwas beweisen und genieße nach wie vor die Faszination des Reisens und das Umsetzen von Ideen in fremden Kulturen. Wenn ich davon etwas beim Unterrichten weitergeben kann, dann sehe ich das heute als Privileg und nicht mehr als reine Pflichtveranstaltung an. Auch in Kundengesprächen habe ich entdeckt, dass ein großer Bedarf an Austausch mit echtem Tiefgang besteht.

Nach wie vor bewege ich mich in einem spannungsgeladenen und herausfordernden Umfeld und bin auf meinem Weg noch lange nicht am Ende. Gleichzeitig sind Potenzial und Position in einer größeren Übereinstimmung, dadurch erlebe ich eine höhere Lebensqualität als je zuvor. Die Auszeit zur Reflexion und Neuorientierung war ein wichtiger und für mich unbezahlbarer Schlüssel. Zusammengefasst waren die folgenden drei Schritte in meinem Prozess besonders hilfreich:

1. Den persönlichen Lebensentwurf auf den Prüfstand stellen. Nüchtern, ohne Ausreden – genauso schonungslos, wie man sonst nur andere kritisiert. Was ist mir persönlich wichtig? Wo stehe ich heute? Bin ich wirklich zufrieden? Wie kann ich zurückerobern, was mir verloren ging? Bei mir wurden daraus zwölf Punkte, die ich laufend hinterfrage. Die Verknüpfung aller Lebensbereiche ermöglicht spannende Querverbindungen und zeigt auf, wo Nachholbedarf besteht.

2. Zwiegespräch mit Gott beginnen. Einmal ohne Agenda einfach nur zuhören, was einem für Gedanken in der Stille kommen. Ein Jahr lang habe ich mir jeden Morgen eine Stunde Zeit für Stille und Reflexion genommen. Ich habe mir aufgeschrieben, was ich erlebt habe und was mich bewegt.

3. Dranbleiben und die gewonnenen Erkenntnisse umsetzen. Was passiert, wenn es wieder etwas besser läuft? Meine Erfahrung ist, dass man Gefahr läuft, den Schwung zu verlieren. Wichtig ist, nicht aufzugeben, sondern dranzubleiben, auch zusammen mit einem Freund, Berater oder Mentor. Veränderung, positiv wie negativ, ist immer ein Prozess, der Zeit braucht.

Schritt für Schritt –
unser Aufbruch in ein neues Leben

Tanz, Traum und Tretmühle –
so gegensätzlich sie sind, sie brauchen einander!
Daniel Hoster

„Die heutige Wirtschaftswelt basiert auf Wachstum statt auf
Ethik – dadurch werden Menschen gefördert, die funktionieren,
aber nicht mehr sie selbst sind", sagt Gerald Hüther, Professor
für Neurobiologie an der Universität Göttingen.[13] „Wir sind alle
nur Kümmerversionen dessen, was wir sein könnten", lautet eine
seiner Überzeugungen. Im Interview plädiert er dafür, sich nicht
so sehr von der Unterhaltungsindustrie verführen zu lassen, innovativ zu sein, Neues zu wagen und einer Tätigkeit nachzuge-
hen, die einen wirklich interessiert und dem persönlichen Tun
Sinn verleiht. Auf die Frage, was er jemandem raten würde, der
20 Jahre in einem traditionell geführten Unternehmen Karriere
gemacht hat und trotz Unwohlsein den Absprung nicht schafft,
weil er sich an die Annehmlichkeiten gewöhnt hat, antwortet er:
„Er soll sein Standbein vorerst behalten und sich ein Spielbein
aufbauen, mit dem er kleine Schritte in eine neue Richtung machen kann. Mit der Zeit wird sich der Radius vergrößern. Oft findet man auch im angestammten Beschäftigungsfeld Gestaltungs-
spielräume. Oder man findet ein neues Feld, in dem man die
erworbenen Fähigkeiten besser zur Entfaltung bringen kann. Das
verspricht mehr Erfolg als der radikale Bruch. Konkret: Wenn ein
Jurist genug davon hat, den Amtsschimmel zu reiten, kann er sich
beim WWF oder bei Greenpeace engagieren – da hat er bessere
Erfolgschancen, als wenn er sich als Fischer in der Südsee eine
neue Existenz aufzubauen versucht."

Gefragt nach seiner Motivation, sich dafür einzusetzen, dass das Potenzial jedes Einzelnen entdeckt und gefördert wird, antwortet er: „Wir leben alle so dahin und lassen uns treiben, stellen aber die entscheidenden Fragen nicht, die da lauten: Was will ich wirklich? Warum will ich hier unterwegs sein? Was kann ich bewegen? Diese elementaren Fragen liegen oft tief verborgen, zugeschüttet mit Alltagsmüll, verdrängt durch Geschäftigkeit. Der Sinn des Lebens besteht aber nicht darin, als arbeitender Mensch zu funktionieren, sondern als lebender Mensch zu existieren."

Meine Frau Evi und ich haben uns vor vielen Jahren diese wichtigen Fragen gestellt. Wofür wollen wir leben? Was wollen wir bewegen? Wofür schlägt unser Herz? Mit diesen Fragen begann eine Entdeckungsreise zu unserer Berufung, wir öffneten die Büchse unserer Träume und Zukunftsvorstellungen und fingen an, unser Potenzial zu identifizieren. Die Antworten kamen nicht über Nacht, sondern brauchten eine gewisse Zeit. Wie ein Leuchtturm, der im Nebel auftaucht und die Richtung weist, wurde uns mehr und mehr bewusst, was wir wirklich wollen. Mit der Zeit war klar: Wir möchten unser Leben einsetzen, um Menschen zu ermutigen und zu stärken, und unser Herz schlägt dabei besonders für Führungskräfte und Verantwortungsträger in Wirtschaft, Politik und Gesellschaft.

Das Zielbild schälte sich heraus, gleichzeitig wurde eine große Diskrepanz zu unserem Status quo erkennbar. Wie soll das gehen? Wir hatten kaum Voraussetzungen, diese Vision in die Tat umzusetzen. Wir waren (und sind) einfache Leute, ohne besondere Bildung, ohne Bekanntheitsgrad, damals auch ohne spezielles Netzwerk, das uns hätte Türen öffnen können, noch dazu waren wir jung und kamen sogar geografisch aus einer Gegend, die recht weit weg vom Schuss liegt ...

Nicht gerade die beste Ausgangslage, um unsere Träume zu

realisieren. Deshalb brauchte es ein schrittweises Vorwärtsgehen. Wir begannen zunächst, ehrenamtlich in einer Organisation mitzuarbeiten, die Vortragsveranstaltungen für Führungskräfte ausrichtete, um diese Menschen zu inspirieren und ihnen neue Lebensperspektiven aufzuzeigen. Ein erster Schritt war gemacht. Durch unser Engagement in dieser Arbeit waren wir mit unserer Zielgruppe in Kontakt und tasteten uns an unsere Vision heran. Das war innerhalb unseres damaligen Kontextes und parallel zum Beruf möglich, ohne unser ganzes Leben auf den Kopf zu stellen und einen radikalen Bruch zu wagen.

Einige Jahre später spürten wir, dass eine Weichenstellung in unserem Leben bevorstand. Weil wir gerne eine Zeit ins Ausland wollten und sich die Möglichkeit der Mitarbeit in einer christlichen Organisation im südlichen Afrika ergab, entschieden wir uns, nach Namibia zu gehen. Während unseres Aufenthaltes dort haben wir uns, neben der Tätigkeit in verschiedenen humanitären Projekten, vor allem mit den Themen Führung und Integrität auseinandergesetzt – ein weiterer Schritt hin zu unserem Traum und eine wichtige Vorbereitung auf das, was dann kommen sollte.

Nach unserer Rückkehr habe ich mich beruflich selbstständig gemacht und begonnen, Führungskräfte zu besuchen, um ihnen unsere Vision vorzustellen und von ihrem Feedback zu lernen. Eine meiner Reisen führte mich dabei in die Schweiz, wo ich Claude Schmutz kennenlernte, den Gründer und Präsidenten der Stiftung *Leaders' Integrity Foundation*. Ein entscheidender Schritt: Zu Claude und seiner Frau Marianne wuchsen wertvolle Freundschaften, mit der Stiftung gewannen wir eine Plattform, in die wir uns einbringen konnten. Seit Jahren sind wir nun als Leitungsteam der Stiftung dabei, unser gemeinsames Anliegen der Stärkung und Ermutigung von Führungspersonen zu realisieren.

Während der Zeit in der Stiftung haben wir wiederum wichtige Entwicklungsstufen durchlaufen. Ein Netzwerk freundschaftlicher Beziehungen zu Unternehmern, Führungskräften und Verantwortungsträgern wächst breiter und tiefer. In unseren Meetings als Führungsmannschaft stellen wir uns immer wieder die Frage: Wo stehen wir heute, und wie könnte ein nächster Schritt in der Umsetzung unseres Anliegens aussehen? Was ist jetzt dran? Bücher, Seminare und Vortragsthemen sind dadurch entstanden, Menschen aus unserer Zielgruppe werden durch Coaching und Mentoring begleitet, Türen öffnen sich, das Anliegen und die Vision werden Schritt für Schritt mit Leben gefüllt.

Was wir gelernt haben: Jede Reise beginnt mit dem ersten Schritt. Wir sollten uns nicht überfordern lassen, sondern dürfen im Kleinen ausprobieren, welche Aufgaben oder Umsetzungsschritte möglich sind und zur eigenen Persönlichkeit passen. Rückblickend erkennt man die Route. Während man aber unterwegs ist, geht es immer um ein schrittweises Vorwärtstasten. Fehltritte und Umwege sind dabei kein Problem, sondern Teil des Ganzen. Wichtig ist, sich auf den Weg zu machen und Veränderung proaktiv anzugehen.

Veränderung gestalten

Einige Menschen sehen die Welt, wie sie ist,
und fragen: „Warum?"
Andere sehen die Welt, wie sie sein könnte,
und fragen: „Warum nicht?"
George Bernard Shaw

Unser Leben braucht immer wieder Veränderung. Wir sind nicht für dauerhaften Stillstand geschaffen. Wie der Körper bewegt werden muss, um fit zu bleiben, und wie sich in der Natur die Jahreszeiten abwechseln, so brauchen auch wir Bewegung und Veränderung im persönlichen Leben. Diese Veränderungen müssen keine großen Brüche in der Biografie bedeuten, vielmehr geht es um punktuelle Neuanfänge, um ein Heraustreten aus dem Status quo, darum, immer wieder einmal die Türen und Fenster der eigenen Komfortzone zu öffnen und frischen Wind hereinzulassen. Konstanz und Veränderung gehören dabei zusammen. Zum einen brauchen wir ein stabiles persönliches Fundament, ein geklärtes Wertegerüst und Lebensziel sowie eine Verbindlichkeit in unseren wichtigsten Beziehungsfeldern; zum anderen brauchen wir – auf Basis dieser Konstanten – einen permanenten Fluss der Veränderung, der unser Leben im positiven Sinn herausfordernd hält und uns davor bewahrt, auf allzu festgefahrenen Gleisen stecken zu bleiben.

Diese Veränderungen können vielschichtig sein: ein anstehender Arbeitsplatzwechsel, neue Projekte und Aufgaben innerhalb des bestehenden beruflichen Umfeldes, ein neues Hobby, die Reaktivierung sportlicher Aktivitäten, eine Veränderung des persönlichen Lebensstils – zum Beispiel weniger TV schauen und sich mit der dadurch frei werdenden Zeit mehr in wichtige Bezie-

hungen oder die Entwicklung persönlicher Potenziale zu investieren – oder schlicht das Lesen eines neuen Buches und die Auseinandersetzung mit einer neuen Thematik. Diese kleinen oder
größeren Veränderungen halten uns in Bewegung. Sie sind das
Salz in der Suppe und gehören zu einem erfüllenden Leben. Immer wieder geht es darum, neu zu denken, den eigenen Horizont
zu erweitern und neues Land einzunehmen. Innerhalb des bestehenden Lebensumfeldes öffnen sich so Veränderungsfenster, die
frischen Wind hereinlassen und wichtig sind für das Klima in unserem Lebensraum. Manche Veränderungen kommen von außen
auf uns zu, ob wir sie wollen oder nicht. Den möglichen Verlust
des Arbeitsplatzes, einen eventuell erforderlichen Wohnortwech-
sel oder eine notwendige Umstellung der Ernährung suchen wir
uns nicht immer aus. Trotzdem liegt auch in den erzwungenen
Veränderungen ein positiver Aspekt, und wir können gestärkt
daraus hervorgehen. Noch wichtiger aber ist es, sich eine innere
Veränderungsbereitschaft zu bewahren.

In uns liegt ein Kompass in Form einer inneren Stimme, die
sich immer wieder einmal zu Wort meldet und Veränderung
einfordert. Diese Stimme kann verschiedene Sprachen sprechen.
Vielleicht meldet sie sich als sehnsüchtige Stimme, verbunden
mit einem Gefühl des „Es müsste mehr im Leben geben". Oder als
fragende Stimme: „Ist das Leben schön?" Häufig auch als Stimme
des Frustes und der Unzufriedenheit. Viele Menschen leben mit
einem latenten Unbehagen, einem zunehmenden inneren Frust.
Vielleicht über ihre berufliche Situation, verbunden mit dem
Gefühl, nicht am richtigen Platz zu sein. Oder der Erkenntnis,
aufgrund vieler Verpflichtungen und Aufgaben nicht genügend
Zeit für sich selbst zu haben. Oder Sie leben mit Ärger über andere Menschen, einen schwierigen Nachbarn, Vorgesetzten oder
Mitarbeiter. Manchen mag die Leichtigkeit des Seins abhanden-

gekommen sein. In jedem Fall geht es darum, auf diese innere Stimme zu hören und zur Veränderung bereit zu sein.

Habe ich inneren Frieden, oder wünsche ich mir Veränderung? Wenn dies der Fall ist, wäre die Frage, ob wir dieser Stimme in uns Raum geben und sie ernst nehmen oder totschweigen und verdrängen. Wenn wir sie ernst nehmen, kann sie uns in positive Veränderung führen. Wenn wir sie totschweigen, leben wir mit einem dauerhaften Unbehagen und verzichten auf Lebensqualität. Wichtig ist deshalb, sich selbst ernst zu nehmen. Wir können uns dieser Sehnsucht oder dem Frust und Unbehagen stellen, darüber nachdenken und so von der Ebene des Gefühls auf die Ebene des Denkens und Handelns wechseln. Drei Fragen sind hierbei hilfreich, die wir uns immer wieder einmal stellen können:

1. Was soll in meinem Leben verändert werden?
2. Wie soll die Veränderung aussehen?
3. Welche Schritte kann ich tun, um die gewünschte Veränderung anzustoßen? (Wie beginne ich?)

Was soll in meinem Leben verändert werden? Diese Frage analysiert den Istzustand. Habe ich Unbehagen oder Frust in mir? Wünsche ich Veränderung? In welchen Lebensbereichen – wo konkret? Gibt es eine ungestillte Sehnsucht, die bedient werden möchte?

Wie soll die Veränderung aussehen? Diese Frage klärt das Zielbild. Wie soll mein Leben oder der entsprechende Lebensbereich wie Beruf, Familie, Partnerschaft, Hobbys, Finanzen, Freundschaften, ehrenamtliches Engagement etc. aussehen, nachdem er verändert worden ist? Welche Verbesserung zur gegenwärtigen Situation soll konkret erreicht werden?

Welche Schritte kann ich tun, um die gewünschte Veränderung anzustoßen? Diese Frage klärt den Lösungsweg, zumindest den ersten Schritt. Es geht darum, wie wir beginnen können. Was kann ich konkret tun, um der gewünschten Veränderung näher zu kommen?

Hierzu einige Beispiele!

Ist-Situation Partnerschaft: Beide Partner sind viel beschäftigt, alle möglichen Aufgaben in Beruf und Familie beanspruchen Zeit und Energie, man hat sich etwas auseinandergelebt, Romantik und Gemeinsamkeiten sind verloren gegangen.

Soll-Zustand: Wir wünschen uns wieder mehr Zeit zum Verlieben, Träumen und Genießen. Wir wollen unsere Leichtigkeit zurückgewinnen.

Aktion: Wir reservieren uns regelmäßig bestimmte Zeitfenster nur für uns. Wöchentlich ein gemeinsamer Abend mit gutem Essen, hin und wieder ein gemeinsames Wochenende in einem schönen Hotel.

Ist-Situation Gesundheit: Ich habe zu viel Gewicht und zu wenig Bewegung, körperliches Unwohlsein und Anfälligkeit für Beschwerden sind die Folge.

Soll-Zustand: Ich wünsche mir eine bessere körperliche Fitness und will zurück zu meinem Idealgewicht.

Aktion: Ich laufe zwei Mal pro Woche und stelle meine abendliche Ernährung um.

Ist-Situation mentale Beschäftigung: Ich bin oft ausgelaugt vom Informationsüberfluss und abgelenkt von unwichtigen Inhalten, dem Gezwitscher und den „Plings" und „Plongs" sozialer Netzwerke.

Soll-Zustand: Ich möchte mich mit neuen Themen beschäftigen, Horizont und Wissen erweitern.

Aktion: Ich baue mir Zeitfenster der Ruhe ein, ohne E-Mail und Web. Ich beginne, regelmäßig neue Bücher zu lesen und mich mit Themen zu beschäftigen, die mich wirklich interessieren.

Ist-Situation Freundschaften: Viele freundschaftliche Beziehungen sind über die Jahre aufgrund von Zeitmangel oder Passivität eingegangen.
Soll-Zustand: Ich wünsche mir vertrauensvolle persönliche Freundschaften.
Aktion: Ich entscheide mich, alte Freundschaften zu reaktivieren und Zeit in diese zu investieren.

Ist-Situation Beruf: Ich bin unzufrieden mit meiner aktuellen Tätigkeit und empfinde mich am falschen Platz.
Soll-Zustand: Ich möchte Aufgaben, in denen ich meine Stärken und Talente besser einsetzen kann.
Aktion: Ich definiere meine Stärken und Talente sowie meine beruflichen Vorstellungen und suche das Gespräch mit meinem Chef, um gemeinsam eine Lösung zu finden, wie ich besser, und damit auch für das Unternehmen effektiver, eingesetzt werden kann.

Auf diese Weise können wir immer wieder unsere Lebensbereiche analysieren und auf Unbehagen, Frust sowie Sehnsüchte und Veränderungswünsche reagieren. Die nachfolgende Grafik dient zur persönlichen Reflexion und Definition von Ist, Soll und Aktion.

Lebensbereich	Ist	Soll	Aktion

Aus dem Leben gegriffen III

Gib nicht auf!

Armin Ruser, geboren 1976, ist gerade dabei, sich beruflich aufzustellen, als im Alter von 23 Jahren ein schwerer Unfall sein Leben auf den Kopf stellt. Aufgeben oder anpacken? Sich dem Schicksal ergeben oder aus den verfügbaren Möglichkeiten etwas machen? Armin Ruser entschied sich für Letzteres – und ist heute dabei, als Unternehmer außergewöhnliche Ideen in Nutzen für andere Menschen umzusetzen. Ein leidenschaftlicher Aufruf zu einem innovativen Leben außerhalb der Komfortzone.

Ich bin von ganzem Herzen Unternehmer. Allerdings habe ich nicht immer ausgelebt, was in meinem Herzen ist. Es brauchte eine lange Zeit, bis ich entdeckte, dass ich unternehmerisch veranlagt bin. Stellen Sie sich vor, wie es für einen musikbegabten Menschen sein muss, mit 30 Jahren endlich ein Musikinstrument in die Hände zu bekommen. Vielleicht hat er in den ersten 30 Jahren seines Lebens manchmal mit den Fingern auf den Tisch getrommelt oder beim Spazierengehen ein Liedchen geträllert. Das waren schöne Momente, aber er, der Musiker, blieb ständig unter seinen Möglichkeiten. Erst als er anfing, mit einem wirklichen Musikinstrument zu üben und Menschen mit seiner Musik zu erfreuen, realisierte er, wozu er wirklich auf der Welt ist.

Mir ging es mit meiner unternehmerischen Begabung so ähnlich wie einem solchen Musiker. Immer wieder gab es Momente, in denen ich Lösungen für Probleme fand, die andere nicht sahen. Vor allem in ehrenamtlichen Tätigkeiten habe ich Menschen für gemeinsame Visionen begeistert und mit ihnen Projekte umgesetzt. Ich kam aber nicht auf die Idee, eine eigene Firma zu gründen, weil diese Option in meiner Welt einfach nicht existierte (mir fehlte im übertragenen Sinn das Musikinstrument).

AHA-Erlebnis Nr. 1: Wir haben Scheuklappen und können sie ablegen.

Schon in der Schule werden uns Scheuklappen aufgesetzt, die uns für zahlreiche Möglichkeiten blind machen. Warum das so ist, kann ich nicht beurteilen. Dass es so ist, sehe ich jedoch an mir oelbst und an vielen Menschen, mit denen ich spreche. Scheuklappen, die dem Musiker den Blick auf die Instrumente verdecken. Scheuklappen, die innovativen Menschen den Blick für die Möglichkeiten verdecken. Scheuklappen, die uns auf der Spur halten und zu gefügigen Gäulen machen, die den Karren der bestehenden Unternehmen, Verwaltungen und Systeme ziehen. Als es bei mir in der neunten Schulklasse um die Berufswahl ging, wurden uns ausschließlich Jobs in Anstellungsverhältnissen gezeigt. „Werde Beamter oder Handwerker, und wenn das nichts für dich ist, kannst du ja weiter auf die Schule gehen und studieren!"

Schule kam für mich erst mal nicht mehr infrage – zu langweilig. Was mich von den gebotenen Optionen am meisten anzog, war das Elektriker-Handwerk. Mir wurde allerdings schnell klar, dass Steckdosen verkabeln nicht alles in meinem Leben sein kann. Trotzdem zog ich die Lehre durch (sogar mit recht guten Ergebnissen). Im ersten Jahr danach gab mir unsere Bundesregierung freundlicherweise die Wahl zwischen zwei Optionen: Bundeswehr oder Zivildienst. Ich entschied mich für Letzteres und nutzte die Zeit neben handwerklichen Tätigkeiten zum Lesen und zum Musizieren. Bücher eröffneten mir eine neue Welt, und die Geschichten von Menschen, die einen wirklichen Unterschied machten, bewahrten mich davor, mich anschließend wieder vor den alten Karren spannen zu lassen. Gott sei Dank wurde ich diese elenden Scheuklappen los. Aber was jetzt?

AHA-Erlebnis Nr. 2: Neue Wege lohnen sich – selbst wenn es noch nicht die richtigen sind.

Nach dem Zivildienst ging ich dann doch noch einmal auf die Schule und erwarb die Fachhochschulreife. Dort erlebte ich zum ersten Mal positive Herausforderung in einem schulischen Kontext. Danach wusste ich aber noch immer nicht genau, wohin es beruflich längerfristig gehen sollte. Aber ich wusste, dass ich einen Unterschied in dieser Welt machen wollte, anstatt einfach nur Lebenszeit gegen Geld zu tauschen. Diese Möglichkeit erahnte ich in einem Theologiestudium. Ich lernte, studierte und las viele Jahre, um mir eine eigene Meinung zu theologischen und ethischen Fragen zu bilden. Bis ich bei meiner Masterarbeit mit dem Titel „Umgang mit Geld" landete. Die Auseinandersetzung mit diesem Thema führte mich aus dem kirchlichen Umfeld zurück in die Wirtschaft. Wer mit Autorität über Geld reden möchte, der muss sich dort bewähren, wo das Geld bewegt wird. Meine Konsequenz: Ich überlegte mir, mit welchen Fähigkeiten ich einen Mehrwert bieten konnte, für den Menschen möglicherweise Geld bezahlen würden. So entschloss ich mich, mit „Armin Ruser Trainings" meine erste Firma zu gründen und Selbstmanagement-Seminare anzubieten – ein Bereich, in dem ich etwas zu sagen hatte. Seminare hatte ich bereits als Theologe gehalten, und mein Selbstmanagement musste ich zwangsläufig optimieren – aufgrund eines Unfalls, der mein Leben weitreichend verändert hatte.

AHA-Erlebnis Nr. 3: Probleme sind dazu da, gelöst und nicht bejammert zu werden.

Am 16. Mai 1999 wurde ich auf meinem Motorrad von einer Autofahrerin übersehen und angefahren. Mit Erwachen aus dem Koma war ich von Brusthöhe ab vollständig gelähmt, und die Ärzte sagten mir, dass ich nie wieder würde laufen können. Mir wurde schnell klar, dass mein bisheriger Alltag nun der Vergangenheit angehörte; dass so manches aus dem Rollstuhl heraus mühsamer und sich vieles fortan langsamer gestalten würde. Unverändert war jedoch die Sehnsucht danach, meinen Beitrag zur Welt zu leisten, und dies war definitiv nicht zu erreichen, indem ich mich selbst bedauerte. Ganz im Gegenteil – der Wunsch, keine Lebenszeit zu vergeuden, überwog, und ich fing an, den funktionierenden Teil meines Körpers zu trainieren und mein Selbstmanagement zu optimieren. Ich setzte mein Theologiestudium fort, machte einen Master in Finanzethik und suchte im Anschluss nach beruflichen Wegen, auf denen ich anderen Menschen genau in diesem Punkt weiterhelfen konnte: Krisen als Chance zu begreifen, Probleme proaktiv anzugehen und sein Umfeld zu gestalten, anstatt zu bedauern, dass es nicht der eigenen Wunschvorstellung entspricht.

AHA-Erlebnis Nr. 4: Taten sprechen lauter als Worte.

Das Coaching von Menschen in unterschiedlichen Lebens- und Berufssituationen hat mir immer viel Freude gemacht. In manchen Leben hat sich viel verändert. Oft stießen meine Kunden jedoch an Systemgrenzen, die sich im Coaching einer Einzelperson (vor allem, wenn diese noch einen Chef über sich hat) nur schwer überwinden lassen. In den meisten Unternehmen gibt es mächtige Menschen, die dafür sorgen, dass im Prinzip alles beim Alten bleibt.

Mit der Zeit wuchs vor meinem inneren Auge ein Bild von einem Unternehmen, das Menschen wirklich zur Entfaltung bringt. Mit der Gründung von „AHA!Videos" ließ ich dieses Bild Wirklichkeit werden. Es braucht Mut, den ersten konkreten Schritt zum eigenen Unternehmen zu gehen. Insbesondere die Anstellung von Mitarbeitern, die sich darauf verlassen, jeden Monat ihren Lohn zu bekommen, bringt eine große Verantwortung mit sich. Aber es ist genau diese Verantwortung, die mich als Unternehmer immer wieder motiviert, neue Wege zu beschreiten. Und das Vertrauen in die Mitarbeiter zahlt sich aus: Täglich sehe ich es in ihren kreativen Ideen und exzellenten Ergebnissen bestätigt.

Heute glaube ich: Es ist mehr möglich, als wir meinen. Deshalb ermutige ich Menschen, neu zu denken und bisherige Grenzen zu überschreiten. Das Potenzial in uns wartet darauf, entdeckt und ausgelebt zu werden. Wir haben nur dieses eine Leben – diese Chance sollten wir nutzen!

Glück kann man nicht kaufen –
der Wert von Beziehungen

*Das schönste Denkmal, das ein Mensch bekommen kann,
steht in den Herzen der Mitmenschen.*

Albert Schweitzer

Der Schweizer Ökonom und Glücksforscher Bruno Frey spricht in einem Interview mit der *FAZ* über das Wesen des Glücks.[14] Er sagt, dass gute, freundschaftliche Beziehungen besser sind als ein schnelles Auto und dass Geld alleine nicht wirklich glücklich macht. Auf die Frage, was mehr Glück bringt als Geld, antwortet Frey: „Das relationale Glück. Das ist die Zufriedenheit, die wir aus Familie, Freundschaft und dem Umgang mit guten Bekannten ziehen."

Viele Menschen erwarten zu viel vom Konsum und überschätzen das Glück, das sie aus materiellen Gütern ziehen. Die Annahme, dass mehr Besitz auch mehr Glück und Erfüllung mit sich bringt, führt in die Irre. Wenn dem so wäre, dann wären die reichsten Menschen automatisch auch die glücklichsten, was definitiv nicht der Fall ist. Das gilt im Kleinen wie im Großen, bezogen auf die einzelne Person wie auf ganze Gesellschaften. Laut dem *Human Development Index* der Vereinten Nationen, dem Wohlstandsindikator für einzelne Länder, führen die westlichen Industriestaaten das globale Ranking in Bezug auf Einkommen, Wirtschaftsleistung, Bildungsniveau und Lebenserwartung mit deutlichem Abstand an.[15] Demgegenüber führt die Frage, wo die glücklichsten Menschen leben, zu ganz anderen Ergebnissen. Das Meinungsforschungsinstitut *Gallup* hat dazu eine weltweite Umfrage in 148 Ländern durchgeführt und Menschen in persönlichen Interviews verschiedene Fragen gestellt, um deren Glück zu messen. Die Fragen lauteten unter anderem: „Haben Sie gestern viel gelacht?", „Sind Sie gestern von anderen mit Respekt behandelt worden?", „Haben Sie gestern etwas Interessantes gemacht oder gelernt?"[16]

Das Ergebnis zeigt, dass Glück nichts mit ökonomischem Status zu tun hat. Nicht einmal die Hälfte der Befragten in Singapur zum Beispiel konnte die Fragen positiv beantworten. Dabei ist das Bruttoinlandsprodukt des Landes eines der höchsten auf der Welt. So ähnlich sieht es in vielen anderen „reichen" Ländern aus. Das Kontrastprogramm dazu: Die Menschen in den lateinamerikanischen Ländern sind laut dieser Umfrage sehr glücklich. Tanz, Lebensfreude, interessante Tätigkeiten und menschliche Achtung sind für sie selbstverständliche Bestandteile des Lebens.

Glück ist mehr als materieller Besitz, und wenn wir mehr Lebensglück genießen wollen, ist wichtig zu klären, woher dieses Glück kommen kann. Auf die Frage, was Menschen besonders glücklich macht, sind die mit Abstand häufigsten Antworten: Lebenspartner, Kinder und ein glückliches Familienleben. Unser Glück liegt also primär in unseren Beziehungen. Das heißt: Wir können Glück nicht kaufen, aber wir können uns in Glück investieren.

Unser Leben basiert auf Beziehungen. Die Qualität unseres Lebens hängt von der Qualität unserer wichtigsten Beziehungsfelder ab. Wenn wir einmal darüber nachdenken, wann und wo wir wirklich Glück, Geborgenheit und Leichtigkeit empfinden, wird das primär in unseren persönlichen Beziehungsfeldern der Fall sein. In der Zweisamkeit mit dem Partner, dem fröhlichen Spielen mit den Kindern, im Umgang mit guten Freunden, einer vertrauensvollen Zusammenarbeit mit Vorgesetzten, Mitarbeitern und Kunden im beruflichen Umfeld, der Umsetzung eines gemeinsamen Anliegens in einem Verein und Ähnliches. Wenn unsere wichtigsten Beziehungsfelder intakt sind, wirkt sich dies positiv auf die eigene Persönlichkeit und die wahrgenommene Lebensqualität aus.

Das Gleiche gilt umgekehrt. Welche Situationen kosten uns am meisten Energie, was hat das größte Potenzial, unser Leben negativ zu beeinflussen? Beziehungsschwierigkeiten! Gespannte, von Misstrauen und Uneinigkeit oder gar Ablehnung und Hass verdorbene Beziehungen.

Unsere besten und schlechtesten, unsere schönsten und schwierigsten, unsere positivsten und negativsten Erfahrungen und Erlebnisse finden in Beziehungen statt. Das hat damit zu tun, dass Leben gleich Beziehung ist. Das gilt schon für unsere Beschaffenheit als Menschen: Körper, Seele und Geist sind sowohl eigenständig als auch in einer abhängigen Beziehung zueinander. Damit menschliches Leben möglich wird, braucht es eine Beziehung: Mann und Frau kommen zusammen, und neues Leben entsteht. Vom ersten Moment unseres Lebens an bis hin zum letzten Atemzug sind wir beziehungsabhängig. Den Treibstoff für ein erfolgreiches, erfüllendes und glückliches Leben können wir nur in und durch Beziehung erfahren: nämlich Liebe, Annahme, Wert und Würde. Das wahre Leben läuft nicht auf der Leistungs-, sondern auf der Beziehungsebene.

Leistungsebene heißt, ich lebe aus meiner eigenen Kraft unter dem permanenten Druck, gute Ergebnisse bringen zu müssen, damit ich Annahme, Wertschätzung und Anerkennung bekomme. Leben auf der Beziehungsebene dagegen heißt, seinen Selbstwert aus gesunden und wohlwollenden Beziehungen zu beziehen und gerade dadurch gute Leistungen erbringen zu können.

Die ganze Dimension der Beziehungen und ihre Auswirkungen auf das persönliche Leben machen deutlich, dass letztendlich jede Stärke und jedes Defizit in der Persönlichkeit eines Menschen beziehungsverursacht ist. Ein Mangel an Freude, Lebensqualität, Sinn, Selbstwert, Geborgenheit und Zuversicht hat mit einem Mangel an Beziehung zu tun. Das heißt entweder fehlende Beziehung oder negative Beziehungen durch Missbrauch, Ablehnung, Verletzung oder Enttäuschung. In unseren Beziehungen liegt das Heilungs- und Erfüllungspotenzial unseres Lebens. Fehlende Beziehungen können hergestellt, negative Beziehungen können geheilt werden. Was es braucht, ist eine Revitalisierung unserer Beziehungen auf drei Ebenen: Erstens die Beziehung zu uns selbst, das heißt sich selbst ernst nehmen, auf die eigenen Bedürfnisse und Träume eingehen, zur Reflexion bereit sein, das eigene Potenzial entdecken und leben und sich dazu die richtigen Fragen stellen. Zweitens die Beziehung zu dem, der uns geschaffen hat, das heißt die Beziehung zu Gott und, daraus hervorgehend, die Beantwortung unserer Herzensfragen: die Klärung von Identität, Wert und Sinn. Drittens die Beziehung zu unseren Mitmenschen. Weil unsere (zwischenmenschlichen) Beziehungen unser Leben und unser Glück so massiv beeinflussen, können wir uns in mehr Lebensqualität investieren, indem wir uns in unsere wichtigsten Beziehungen investieren. Wie können wir diese wichtigsten persönlichen Beziehungsfelder definieren? Anhand einer einfachen Frage: Wer ist noch da, wenn ich nichts mehr leisten kann?

Überlebende der Tsunami-Katastrophe von 2004 berichten von drei Gedanken, die ihnen im Augenblick des vermeintlichen Todes plötzlich bewusst wurden. Erstens die Bedeutung ihrer wichtigsten Beziehungsfelder, verbunden mit der Erkenntnis, sie hätten mehr in andere Menschen investieren sollen. Zweitens die Frage nach dem Sinn des Lebens, verbunden mit der Feststellung, dass das bisherige Leben doch nicht alles gewesen sein kann. Drittens das Thema Prioritäten. Viele erkannten, dass ihre Prioritäten bisher falsch geordnet waren, und setzten sich neue Lebensziele.

Die dramatische Erfahrung dieser Katastrophe führte dazu, sich grundsätzlich neu auszurichten. Die Erkenntnisse der Tsunami-Opfer decken sich mit letzten Worten vieler am 11. September 2001 im World Trade Center eingeschlossener Menschen. Es ist tief berührend – zum Beispiel auf youtube –, Fernsehberichte und Amateuraufnahmen der dramatischen Momente zwischen Einschlag der Flugzeuge und Einsturz der Türme zu schauen und Live-Mitschnitte von Telefonanrufen oder Nachrichten auf Anrufbeantwortern der in den Türmen Eingeschlossenen zu hören. Die häufigste SMS bzw. Telefonnachricht war „I love you!". Im Angesicht des Todes, als es zum Handeln zu spät war, wurde den Menschen bewusst, was und wer wirklich wichtig ist im Leben.

Die gute Nachricht für uns ist: Es ist noch nicht zu spät! Noch haben wir die Möglichkeit, die Weichen unseres Lebens neu zu stellen. Nicht wie wir beginnen, ist entscheidend, sondern was wir mit dem Rest unseres Lebens anfangen und wie wir enden. Wie wäre es, unseren Beziehungen neue Priorität zu geben und uns in die wichtigsten Menschen unseres Lebens noch einmal ganz neu und mehr als bisher zu investieren?

Wie können wir unsere Beziehungsqualität in Ehe und Partnerschaft optimieren? Wie gelingt es, diese wichtigste zwischenmenschliche Beziehung so zu gestalten, dass sie – trotz aller Höhen und Tiefen – zu einem Ort der Freude, des Auftankens, der Geborgenheit, der gegenseitigen Wertschätzung und Ermutigung wird?

Ehe und Partnerschaft sind massiven Ziehkräften ausgesetzt. Vermutlich haben sich die meisten von uns zu Beginn ihrer Liebesbeziehung freiwillig in diese begeben und sie wahrscheinlich auch mit positiven Zukunftserwartungen begonnen. Was ist daraus geworden, und wie sieht die Qualität unserer Partnerschaft heute aus? Am Anfang einer Beziehung nimmt man sich

Zeit, spricht miteinander, teilt Meinungen und Erlebnisse, man genießt es, das Leben gemeinsam zu verbringen. Im Bild der Potenzial-Position-Matrix bewegt man sich überwiegend im Leben-Feld. Im Laufe der Zeit aber bringen uns die vielfältigen Aufgaben und Herausforderungen auf den Boden der Tatsachen zurück. Der Beruf vereinnahmt, die Kinder beanspruchen, alle möglichen Erwartungshaltungen und Verpflichtungen warten darauf, erfüllt zu werden. Die Gefahr ist groß, dass sich Mann und Frau auseinanderbewegen und in jeweils isolierte Lebenswelten abgleiten. Der Fluss des täglichen Lebens verleitet dazu, sich treiben zu lassen. Das geschieht schleichend und zunächst kaum wahrnehmbar. Irgendwann aber lebt man wie in einer Wohngemeinschaft, anstatt eine vitale Ehe zu führen. Man ist im Gelebt-werden-Feld angekommen.

Diese Entwicklung kann man aufhalten und umkehren, indem man sich aktiv in die Beziehung investiert. Es ist möglich, mit der eigenen Ehe in das Leben-Feld zu gelangen, sogar in noch mehr Einheit, Freude und Erfüllung, als man bisher vielleicht für möglich gehalten hat. Allerdings ist das kein Selbstläufer, sondern braucht aktives Engagement. Notwendig ist eine Verzahnung beider Partner, wie zwei Zahnräder, die wieder in einen Gleichlauf und ein gegenseitiges Zusammenwirken und Ergänzen zurückkommen. Das beginnt mit den richtigen Entscheidungen. Ich entscheide mich, meinen Partner und meine Familie zur Nummer-1-Priorität zu machen, vor meinem Beruf und vor allen anderen Aufgaben und Herausforderungen. Das heißt nicht, dass man immer mehr Zeit mit dem Partner oder der Familie als beispielsweise im Beruf verbringt. Es bedeutet aber, dass man ein wachsames Auge auf Partnerschaft und Familie hat, die Qualität der Beziehung, das Befinden des Partners im Blick behält und Maßnahmen ergreift, um Partnerschaft und Familie zu schützen, wenn Beruf oder andere Lebensbereiche auf Dauer zu vereinnahmend werden. Beziehung erfordert Zeit, in Partnerschaft und Familie braucht es gemeinsame Zeitfenster, die fest füreinander geblockt sind. Es ist wichtig, sich bewusst Zeit zu reservieren, beispielsweise einen festen Abend in der Woche. An diesem werden alle externen Störquellen abgeschaltet, keine E-Mail, kein Fernseher, keine Anrufe. Jetzt geht es um meinen Partner und mich, um Gemeinschaft – vielleicht ein gutes gemeinsames Essen – und um Kommunikation. Wir müssen miteinander reden! Wie geht es dir? In welchen Aufgaben und Herausforderungen stehen wir aktuell? Was bewegt uns, wo drückt der Schuh, wie können wir uns gegenseitig unterstützen? Wie geht es meinem Partner mit mir? Dadurch lernen wir voneinander und übereinander, wir verzahnen uns und gewinnen ein höheres Maß an Einheit. Gleichzeitig vermittelt es Wertschätzung. Wir erfahren gegenseitig von unseren Bedürfnissen und können diese ernst nehmen.

Weil wir, trotz bester Absichten, nicht fehlerlos durchs Leben kommen, ist eine Eigenschaft besonders wichtig: Vergebung! Wo Menschen in Beziehungen sind, entstehen Verletzungen. Bewusst oder unbewusst, gewollt oder nicht, werden wir im Laufe unseres Lebens mit enttäuschten Erwartungen und Missverständnissen konfrontiert. Wir werden verletzt, und wir verletzen andere. Deshalb ist Vergebungsbereitschaft ein wichtiger Schlüssel für ein gelingendes Leben.

Das Wort Vergebung kommt vom griechischen *amnestia* und bedeutet so viel wie *loslassen* und *nicht mehr gedenken*. Per Definition ist Vergebung „der Verzicht einer Person, die sich als Opfer empfindet, auf den Schuldvorwurf. Dieser primär innerseelische Vorgang kann unabhängig von Einsicht und Reue des Täters vollzogen werden. Vergebung ist eine Strategie, mit der eine Person in Opferposition die belastenden Folgen einer äußeren oder inneren Verletzung bewältigen kann."[17] Vergebung ist damit vor allem eine willentliche Entscheidung, tatsächlich oder vermeintlich erlittenes Unrecht nicht weiter mit sich zu tragen, sondern loszulassen. Damit wird klar, wer primär von Vergebung profitiert: Wir selbst, weil sie unser Leben buchstäblich leichter macht. Dabei geht es nicht um eine Klärung der Schuldfrage oder eine Banalisierung falschen Verhaltens anderer. Vergebung heißt nicht „Es war nicht so schlimm" oder „Der andere hat doch recht gehabt". Vergebung heißt: Ich darf meine Verletzung und meinen Schmerz in vollem Umfang zulassen und ans Licht bringen. Vergebung dient mir, meinem persönlichen Wohlergehen, es geht um eine Stärkung bzw. Wiederherstellung meiner Beziehungen. Die Konsequenzen von Unversöhntheit sind immer Bitterkeit – das heißt eine Beeinträchtigung meiner Lebensqualität – und eine Störung der Beziehung zu dem, der mich verletzt hat. Das bedeutet in letzter Konsequenz Einsamkeit.

Der Nutzen von Vergebung dagegen ist Freiheit, Leichtigkeit, eine höhere Beziehungsqualität sowie mentale und körperliche Gesundheit. Menschen mit einer versöhnlichen Natur, so amerikanische und niederländische Untersuchungen, haben niedrigeren Blutdruck, brauchen weniger Medikamente, trinken weniger Alkohol und leben gesünder. Aus der Beratungspraxis wissen wir, dass Menschen, die bereit sind, Verletzungen abzulegen und zu vergeben, viel fröhlicher und leistungsfähiger sind als andere.

Wir können einander vergeben, was geschehen ist, und dadurch den Boden bereiten für eine noch bessere Zukunft. Ein praktischer Schritt dazu wäre, auf einem Blatt Papier einmal alle Verletzungen zu notieren, die einem bewusst sind. Dann können Sie diese Punkt für Punkt durchgehen und sich entscheiden, der jeweiligen Person zu vergeben. Das kann ich für mich persönlich und (zunächst) ohne Einbeziehung der anderen Person tun, die dazu vielleicht gar nicht bereit wäre. Sehr oft werden wir dann feststellen, dass unsere Gefühle unseren Entscheidungen folgen. Wenn wir bereit sind zu vergeben, werden sich auch unsere Gefühle erholen und heilen, die Wunde schließt sich.

Versöhnung heißt, ich schließe inneren Frieden mit der Vergangenheit und mit der Person, die mich verletzt hat. Ich werde souverän und gewinne die eigene Handlungshoheit zurück. Vergebung und Versöhnung fördern Dynamik, Kraft und Lebensmut. Sie schaffen Einheit, die wir vor allem in unserer Partnerschaft und Familie brauchen. Durch die Entscheidung, dem anderen seine Fehler zu vergeben und für eigene Fehler um Vergebung zu bitten, verbinden sich die Herzen, wir werden frei von Bitterkeit und gewinnen ein neues Maß an Beziehungs- und damit Lebensqualität.

Weil unsere Beziehungen, allen voran die wichtigsten Beziehungsfelder in Ehe und Familie, aber auch Freunde, Kollegen, Vorgesetzte und Mitarbeiter, so bedeutend sind für Glück und Erfüllung, brauchen sie entsprechende Priorität und Berücksichtigung. Hier liegt ein zentraler Schlüssel für mehr Lebensqualität.

Fragen zur Selbstreflexion:

- Wer hat mich verletzt? Bin ich bereit zu vergeben?
- Wie sieht meine Ehe heute aus? Bin ich damit zufrieden?
- Wie geht es meinem Partner mit mir?
- Was ist aus unseren gemeinsamen Träumen geworden?
- Wie können wir zurückgewinnen, was uns im Laufe der Zeit verloren gegangen ist?
- Was ist das Ziel unserer Ehe?
- Welche gemeinsame Vision haben wir als Familie?

Worauf es ankommt, wenn man seine Träume leben will – meine persönliche Geschichte

Was wir brauchen, sind ein paar verrückte Leute.
Seht euch mal an, wohin uns die Normalen gebracht haben!

George Bernard Shaw

Die Entscheidung war schwierig. Meine Frau Evi und ich waren gerade in Afrika und standen vor der Frage, wie es in unserem Leben weitergehen soll. Über die Jahre hatte sich in uns ein Traum entwickelt, mit Führungskräften zu arbeiten und uns in Menschen zu investieren, die in Wirtschaft, Politik und Gesellschaft Verantwortung tragen. Begonnen hatte alles mit der Frage „Wofür wollen wir leben?" und dem Wunsch, unsere Berufung zu entdecken. Nach mehreren Jahren, während denen meine Frau in der kommunalen Verwaltungsbehörde und ich im Marketing und Vertrieb in der Automobilbranche tätig gewesen sind, ergab sich für uns die Gelegenheit, nach Namibia zu gehen. Weil wir ohnehin gerne ins Ausland wollten und spürten, dass in unserem Leben eine Weichenstellung anstand, ergriffen wir die Chance beim Schopf. Ich kündigte meinen Job, Evi konnte sich beurlauben lassen, und so gingen wir für mehrere Monate nach Windhoek, die Hauptstadt Namibias. Der Name *Windhoek* ist Afrikaans und bedeutet so viel wie „Windecke" oder „windige Ecke".

Tatsächlich wehte uns dort ein ganz neuer Wind um die Nase. Nachdem wir bisher im Business und in der Verwaltung tätig waren, lernten wir dort ein völlig anderes kulturelles Umfeld sowie viele wunderbare Menschen kennen. Die Zeit war sehr intensiv. Wir arbeiteten mit Waisenkindern und Aidskranken aus den Slums am Rande der Hauptstadt, fuhren in entlegenste Gebiete im ganzen Land, führten Seminare für Leiter lokaler Projekte und Gemeinden durch – oft unter einfachsten Bedingungen, unter einem Baum oder in einer Hütte – und durchliefen eine persönliche Begleitung und Ausbildung bei unseren Gastgebern. Der neue Standort veränderte unseren Blickwinkel. Vieles von dem, was zu Hause wichtig erschien, war in Afrika ganz unwichtig. Das Leben dort spielt sich unter völlig anderen Rahmenbedingungen ab, und auch die geografische Distanz zur Heimat half uns dabei, mit einem gesunden Abstand auf unser Leben zu schauen.

Was uns an den Afrikanern unter anderem beeindruckte: Sie leben von sehr wenig und sind gleichzeitig leicht zu begeistern, sich für andere einzusetzen. Bei uns in den westlichen Wohlstandsstaaten ist es genau umgekehrt: Wir haben viel, und es ist relativ schwer, uns für etwas zu begeistern und in Bewegung zu setzen. Das war eine Erkenntnis, die wir mitnehmen wollten: begeistert zu bleiben für unsere Träume und Visionen und uns dabei nicht so schnell von vermeintlichen Sicherheiten bremsen lassen.

Unsere Ausgangslage war, nüchtern betrachtet, nicht ganz einfach. Wir hatten kaum Voraussetzungen, unseren Traum zu leben. Weder einen bekannten Namen noch spezielle Kontakte, weder große finanzielle Möglichkeiten noch besondere Bildung. Wir waren jung, und aus unserer Zielgruppe hat nicht wirklich jemand auf uns gewartet. Also aufgeben und die Flinte ins Korn werfen? Oder dranbleiben, aus dem Boot bisheriger Sicherheiten und vertrauter Umstände aussteigen und den Schritt aufs Wasser wagen?

Im Grunde waren wir mit drei Fragen konfrontiert: Wie soll das gehen? Wer soll das bezahlen? Was ist unser Plan? Wir hatten keine Ahnung! Eines aber hatten wir: den brennenden Wunsch, unsere Vision zu verfolgen.

Welchen Herausforderungen steht man bei der Umsetzung gegenüber?

Risikobereitschaft! Uns wurde klar, dass wir uns schrittweise vorwärtstasten müssen und dass Träume leben auch bedeutet, Risiken einzugehen. Ein Risiko einzugehen heißt, einen ungewissen Ausgang in Kauf zu nehmen, auch ein Scheitern oder einen Misserfolg. Nicht genau wissen, was am Ende herauskommt. Es aber trotzdem wagen, weil die möglichen positiven Auswirkungen mehr wert sind als ein Verharren im gegenwärtigen Zustand. **Die finanzielle Herausforderung.** Nicht immer ist das finanzielle Risiko so groß wie in unserem Fall, dass nämlich die komplette finanzielle Versorgung unklar ist. Aber man kann sich durchaus fragen: Kann ich mir eventuell eine Auszeit leisten? Ist es möglich, meine Stundenzahl am Arbeitsplatz etwas zu reduzieren, damit ich zeitliche Freiräume gewinne? Muss ein Nebenjob wirklich sein – der mich auch zusätzliche Energie und Zeit kostet –, um meinen finanziellen Verpflichtungen nachzukommen? Oder sollte ich vielleicht nicht besser meinen Lebensstandard (ein kleines Stück) reduzieren, um im Gegenzug mehr Lebensqualität zu erreichen?

Diese Fragen können nur individuell beantwortet werden. Eines aber geschieht oft: Wir lassen uns von vermeintlichen finanziellen Sicherheiten davon abhalten, unsere Träume zu leben. Bei aller gebotenen Vorsicht und wohlüberlegten Vorgehensweise ist mehr Mut gefragt. Was haben wir wirklich zu verlieren? Bestenfalls die Reue am Ende unseres Lebens, unseren Träumen nicht konsequent genug nachgegangen zu sein!

Meine Frau und ich haben uns damals in Afrika entschieden, dass wir den Schritt ins Ungewisse wagen und ich mich nach unserer Rückkehr nach Hause beruflich selbstständig mache. Damit war die Frage der finanziellen Versorgung nach wie vor offen. Die ersten Monate konnten wir budgetieren, das heißt den voraussichtlichen Bedarf für unseren Lebensunterhalt aus dem begleichen, was wir auf der hohen Kante hatten. So sind wir gestartet. Aus diesen Monaten sind inzwischen viele Jahre geworden, und wir stellen fest: Man lebt länger, als man denkt!

Manchmal müssen wir den Gürtel enger schnallen. Wir können uns nicht alles leisten, was wir uns früher als „DINKS" leisten konnten (das ist ein Begriff aus der Marktforschung und bedeutet „Double Income, No Kids", also doppeltes Einkommen, keine Kinder. Heute ist es genau andersrum.) Aber: Unser Leben ist spannender und erfüllender als je zuvor!

Loslegen. Klar, eine klare Strategie ist der beste Weg zum Ziel. Am liebsten haben wir einen konkreten Plan, bevor wir uns in Bewegung setzen. Schön überschaubar, genau geplant für mehrere Jahre, mit definierten Zwischenzielen – den sogenannten Meilensteinen –, diese wiederum heruntergebrochen auf einzelne, klar festgelegte Aktionen und das Gesamtpaket am besten abgesichert mit einer Allround-Versicherung.

Ganz ehrlich? Wenn wir einen solchen konkreten Plan wollen, können wir lange warten – so kommen wir nie vom Fleck. Evi und ich bringen uns heute in das Leben und Wirken von Führungspersonen ein und investieren uns in eine geistliche Erneuerung unseres Landes. Dieses Anliegen ist viel größer als wir selbst und deshalb auch nicht wirklich planbar. Wir brauchen Zugang, Kontakte und Beziehungen in unsere Zielgruppe sowie relevante Inhalte und Angebote.

Nachdem wir aus Afrika zurückgekommen waren und ich mich selbstständig gemacht hatte, begann ich damit, erste Kontakte zu Führungskräften zu knüpfen. Zum größten Teil kannten mich diese vorher nicht – ein Schritt ins Blaue hinein. Überraschenderweise öffneten sich dennoch viele Türen, und ich konnte beginnen, in den persönlichen Gesprächen mein Anliegen zu schärfen und Umsetzungsmöglichkeiten zu entdecken. Viele gereiste Kilometer und Stunden intensiver Arbeit waren nötig. Oft waren die Gespräche und Begegnungen sehr ermutigend, manchmal aber auch enttäuschend und frustrierend. Wir sind trotzdem immer weiter gegangen. Erst nachdem ich mich in Bewegung gesetzt hatte, wurden die nächsten Schritte klarer sichtbar. Ein wichtiger Punkt war erreicht, als der Kontakt und die Freundschaft zu Claude Schmutz entstand. Mit der von ihm gegründeten Stiftung *Leaders' Integrity Foundation* entwickelte sich die Plattform für unser heutiges Wirken.

Hätten Evi und ich gewartet, bis alles klar ist, stünden wir noch immer am Ausgangspunkt. Träume leben hat viel mit Intuition zu tun. Die Strategie ergibt sich im Gehen. Ich ermutige Sie: Gehen Sie den ersten Schritt! Dazu brauchen wir nichts als den Glauben, dass unser Traum gelingen kann. Welche Menschen verändern ihr Umfeld? Leute, die aus dem Glauben an eine bessere Zukunft, ein besseres Produkt oder eine bessere Problemlösung aktiv werden und nicht aufgeben, bis sie ihr Ziel erreicht haben. Natürlich kann es schiefgehen – aber es kann auch gutgehen! Pläne sind wichtig, aber meist nicht für den ganzen Prozess im Voraus machbar.

Dranbleiben. Es gibt Zeiten auf meinem Weg, in denen ich kurz davor bin, hinzuschmeißen. Phasen, in denen sich (scheinbar) nichts bewegt und ich nicht weiß, wie es weitergeht; wo kein Fortschritt sichtbar ist, ich mit meinem Wunsch und Anliegen nicht durchdringe, sich (vermeintlich) niemand dafür interessiert, was Evi und mir auf dem Herzen liegt und wofür wir uns engagieren. Träume leben kann einsam machen. Es gibt einen treffenden Vergleich: Wenn Klippenspringer spektakulär ins Meer springen, dann ist die einsamste Phase die in der Luft. Der Springer hat den sicheren Grund verlassen und weiß nicht genau, ob (und wie) er ankommt. Bevor er wegspringt, gibt es

Leute um ihn herum, die ihn ermutigen. Wenn er aus dem Wasser auftaucht, gibt es Leute, die ihm applaudieren. Dazwischen aber ist man allein.

Mein Mentor in Afrika, Roy Wallace, gab mir drei Impulse mit auf den Weg. Erstens: Die Mitte eines jeden Projekts ist die schwierigste Phase, der schwächste Punkt. Man startet mit Begeisterung, und sobald das Ziel in Sichtweite kommt, setzt das neue Energien frei. Dazwischen aber liegen die Mühen der Ebene.

Zweitens: Alles steht und fällt mit unseren Beziehungen. Jedes erfolgreiche Vorhaben ist auf Beziehungen angewiesen. Wenn Evi und ich uns nicht gegenseitig hätten, dazu unsere Familie und einige enge Freunde, dann hätten wir längst aufgegeben. Weil es in der Natur der Sache liegt, dass man kritisch beäugt wird, wenn man Träume lebt, Komfortzonen lüftet und Grenzen überschreitet, brauchen wir Mutmacher an unserer Seite. Menschen, die uns aufbauen und zu uns halten, die unsere Träume verstehen und unterstützen.

Drittens: Ausdauer gewinnt! Geben Sie deshalb niemals auf! Schweiß und Tränen gehören dazu, wollen wir unsere Träume verfolgen. Schauen Sie in Krisen auf das, was Sie schon erreicht haben, seien Sie dankbar. Auch eine konstruktive Unzufriedenheit, die uns weitergehen lässt, ist wichtig. Das klingt paradox, gehört aber zusammen: Wir sind dankbar für die Fortschritte, die gemacht sind. Gleichzeitig wissen wir: Es liegt noch ein gutes Stück des Weges vor uns. Wir strecken uns aus nach dem, was vor uns ist, und geben nicht auf.

„Jeder hat Ziele, aber nur wenige sind bereit, dafür Opfer zu bringen und sich zu schinden." In einem Interview für die Hauszeitschrift der Personalberatung *Egon Zehnder* sprechen Ruder-Olympiasiegerin Katherine Grainger, Großbritanniens „Golden Girl" des Ruderns, und der Internet-Unternehmer

Ben Medlock über das, was es außer Köpfchen und Muskelkraft braucht, um an die Spitze zu kommen.[18]

Auf die Frage, wie man die Disziplin aufbringt, jahrelang auf eine Goldmedaille hinzutrainieren, antwortet Grainger: „Das Einzige, was dich bei der Stange hält, ist der brennende Wunsch, dieses Ziel zu erreichen – das sich die meiste Zeit wie ein unerreichbarer Traum anfühlt. Für mich geht es um Leidenschaft. Ich liebe Rudern über alles." Nachdem sie bei den Olympischen Spielen in Peking 2008 die Goldmedaille haarscharf verpasste, kamen Zweifel, ob die ganzen Jahre des Trainings umsonst gewesen seien. „Irgendwann aber", so Grainger, „habe ich erkannt, dass die Medaille doch nicht alles ist, sondern dass der Weg dorthin – die Jahre, in denen du dich auf die Spiele vorbereitest – genauso wichtig, wenn nicht noch wichtiger und wertvoller ist als der Sieg."

Ben Medlock unterstreicht die Wichtigkeit, bei der Verfolgung von Zielen und Visionen einen guten Partner an seiner Seite zu haben: „Wenn es darum geht, ein schwieriges Ziel zu erreichen, musst du darauf bauen können, dass auch dein Partner dieses Ziel über alles andere stellt. Ich bin sehr froh darüber, dass wir zu zweit sind, denn wenn einer von uns einen Durchhänger hat, ist der andere meist in der Lage, ihn wieder aufzubauen." Worauf es ankäme, seien Beharrlichkeit und Durchhaltevermögen, und zwar tagein, tagaus.

Aus dem Leben gegriffen IV

Leidenschaftlich leben!

Gaby Wentland ist erste Vorsitzende von Mission Freedom e. V., einem Verein, der sich für die Opfer von Menschenhandel und Zwangsprostitution einsetzt. Für dieses Engagement wurde sie 2013 mit dem Bürgerpreis der deutschen Zeitungen ausgezeichnet. Gaby Wentland ist verheiratet, Mutter von 4 Kindern, Buchautorin, Referentin, hat 16 Jahre in Afrika gelebt und liebt es, mit ihrem Leben einen Unterschied in dieser Welt zu machen. Im Folgenden berichtet sie von ihren Erfahrungen.

Ein langweiliges Leben zu führen war schon immer mein Albtraum. Bloß nicht in eine Form gepresst werden, aus der man nicht mehr herauskommt. Ich wollte die Welt entdecken, reisen, Abenteuer erleben, mein Glück finden. Durch meine Familie kam ich früh mit lebendigem Glauben in Kontakt, und so traf ich bereits mit 12 Jahren die Entscheidung, mein Leben mit Gottes Segen und Hilfe zu meistern. Mit 21 heiratete ich meinen lieben Mann Winfried, und unser gemeinsames Leben begann. Dann ging es Schlag auf Schlag mit unserem Abenteuerleben!

Besonders auf dem Herzen lag uns Afrika. Doch schon nach der ersten Reise dorthin erkrankte Winfried schwer an Malaria. Er lag im Bernhard-Nocht-Institut, unserem Tropenkrankenhaus in Hamburg. Dort wurde mir gesagt, dass es sehr schlecht um ihn stünde – die erste große Krise war da! Warum jetzt? Warum überhaupt eine lebensbedrohliche Krankheit? Erst nach vielen bangen Tagen erwachte Winfried aus dem Koma und erholte sich zusehends. Es war ein Wunder geschehen! Obwohl an sämtlichen inneren Organen geschädigt, wurde Winfried komplett gesund, und man entließ ihn als geheilt.

Nun stand unserem Traum, längere Zeit nach Westafrika zu reisen, nichts mehr im Weg. 35 Jahre lang durften wir in über 25 Ländern Afrikas große Projekte durchführen und sensationelle Ergebnisse sehen. Zusammen mit einem großen Team reisten wir Monat für Monat in ein neues Abenteuer und erlebten unseren Traum: das kostbare Leben mit Tausenden von Afrikanern zu teilen, in guten wie in schlechten Zeiten. Wir konnten diese wertvollen Menschen unterstützen, anleiten, ausbilden und manchmal sogar aus großem Elend retten.

In mir wuchs der Wunsch, mehr in Deutschland zu bewegen. In Afrika war das Leben schlicht und herausfordernd, aber immer mit großer Freude verbunden. Die Afrikaner können sich freuen! Und in Europa gibt es Millionen von Menschen, die zwar materiell alles haben, aber innerlich oft sehr leer sind.

Im April 1995 war es dann so weit: Als fünfköpfige Familie flogen wir zurück in unsere Heimatstadt Hamburg. Hier entdeckte ich schnell die großen sozialen Unterschiede. Junge Migranten haben es nicht leicht bei uns und sind kaum in die Gesellschaft integriert. So begann ich, in die sozialen Brennpunkte im Süden von Hamburg zu gehen und dort zu Hunderten die Kinder zu sammeln. Woche für Woche fahren wir nun seit über 18 Jahren mit Teams in die Nachbarschaft, um mit diesen Kindern aus vielen verschiedenen Ländern zu spielen, zu lernen und zu leben. Diese Arbeit war gerade gut etabliert, als ich die größte Herausforderung meines Lebens entdeckte: Es gibt unter uns junge Frauen und Männer, Mädchen und Jungen, die für Sex in unsere Städte gelockt und dort zu Sklaven degradiert werden! Menschen, denen man den Pass wegnimmt, die keine Rechte kennen, bis zur Erschöpfung arbeiten müssen, erniedrigt und am Ende nicht einmal entlohnt werden! Hier war Handlungsbedarf! Jetzt verstand ich meinen bisherigen Lebensweg, meine Erfahrung mit Unrecht und Ausländern, meinen großen Freundeskreis, der mir hier helfen konnte.

2011 begann ich mit einem Team die Arbeit von „Mission Freedom e. V.", einem Verein, der sich gegen Menschenhandel zum Zweck der sexuellen Ausbeutung einsetzt. Wir starteten Kampagnen, organisierten Hunderte von Veranstaltungen in ganz Europa und schließlich weltweit. Jedes zweite Wochenende war ich irgendwo in Europa oder den USA im Flieger unterwegs, jedes Jahr reise ich nach Hawaii, um an einer großen Universität zu unterrichten. Die Studenten dort sind offen für unser Engagement und helfen jetzt überall auf der Welt, damit dieses Unrecht beendet wird.

In Hamburg haben wir ein Haus gemietet, in dem ausgebeutete Frauen mit ihren Kindern eine Heimat finden und zurück ins Leben begleitet werden. Spenden aus ganz Europa ermöglichen uns diese herausfordernde Aufgabe. Sie ist mein Lebenswerk geworden, mein Traum, in den ich mich investiere. Viele Menschen unterstützen mich dabei, und wir dürfen viel Hilfe erleben.

Das Leben ist schön und aufregend. Es darf genossen werden, aber es muss auch gelebt werden mit dem Ziel, etwas zu bewegen, zu verändern und eine lebenswertere Welt zu gestalten. Das gilt für jeden von uns. Was brauchen wir dafür?

- Ein großes Gottvertrauen, das man lernen kann. Der Schöpfer hat gute Pläne mit jedem von uns und bietet uns seine Hilfe an. Die Bibel liefert eine gute Grundlage. Sie zu studieren ist wichtig und hilft uns, neu zu denken.
- Ein großes weites Herz, in dem viele Menschen mit ihren Nöten Raum finden. Der Egoismus unserer westlichen Welt führt

zu Einsamkeit, Leere und Depression. Nur Teilen und Mitteilen kann uns zu Mitmenschen machen. Jeder kann das ausprobieren und wird entdecken: Dafür lohnt es sich zu leben!

- So viel Zeit wie möglich. Die Liebe zur Arbeit gibt Kraft, und die Freude an den Aufgaben ist der Motor. Auch nach 35 Jahren bin ich weder müde noch ausgebrannt, denn das Lächeln und die Freude einer Person, der wir helfen konnten, entschädigen mich für tausend Stunden Einsatz.

- Eine gute Ehe und viele treue Freunde. Diese Menschen findet man, wenn man selbst ein treuer Ehepartner und guter Freund ist.

- Vergebung und Großzügigkeit. Vergeben muss man täglich, sonst wird man hart und bitter. Großzügig zu sein macht frei, sonst zählt man die Kosten und verliert sein Ziel aus dem Auge. Jeder Geber wird auch übers Ohr gehauen, bestohlen und belogen – da hilft nur schnell vergeben, loslassen und freigeben. So hält man das Herz jung und vital und wird beschenkt mit neuer Freude.

Los!

In seinem Kurzfilm „Freedom" zeigt Bruno Bozzetto ein Hochhaus mit verschiedenen Wohnungen, in denen die Bewohner vor sich hin dösen. Eine der Figuren lässt sich vom Fernseher berieseln, eine andere schlummert im Bett, eine dritte kauert frustriert unter einer Uhr, deren Zeiger sich im Kreis drehen und die verlaufende Lebenszeit symbolisieren. Die ganze Szenerie wird gestört von rhythmischen Erschütterungen, die daher kommen, dass ein Bewohner die Trägheit seiner Situation nicht mehr ertragen kann und unaufhörlich gegen die Wand seiner Wohnung springt. Schließlich gelingt es: Die Wand bricht auf, Sonnenstrahlen durchdringen die bis dahin graue Box, die Figur erwacht zu neuem Leben und schwingt sich auf in eine Zukunft von Farbe und Freiheit. Kaum haben die übrigen Bewohner des Hauses realisiert, was vor sich geht, beginnen auch sie, gegen die Wände ihrer Wohnungen zu springen ...[19]

Wenn wir es wagen, unser bisheriges Lebenskonzept auf den Prüfstand zu stellen, bringen wir Potenzial und Position, Sein und Tun, Schritt für Schritt zusammen. Um zum anfänglichen Bild des Löwen im Zoo zurückzukommen: Die Tür des Käfigs öffnet sich, wir brechen in die freie Wildbahn auf und beginnen das Leben zu leben, für das wir geboren sind.

Auch der Löwe muss sich – nach der langen Zeit in der Box – erst wieder daran gewöhnen, was es heißt, frei zu sein. Dasselbe gilt für uns: Wir tasten uns Schritt für Schritt voran, Fehler sind erlaubt. Der Wind der freien Wildbahn ist manchmal etwas rauer als das wohlklimatisierte Lüftchen in unserer „Wir-machen-alles-so-wie-immer"-Box, die Belohnung aber ungleich höher: Freiheit, Abenteuer, Wirksamkeit und Erfüllung.

Apropos Box und geregelte Abläufe: Unter der Überschrift „So

wollen wir arbeiten" berichtet *Die Zeit* über eine Untersuchung
der Unternehmensberatung *Gallup* zur Arbeitszufriedenheit der
Deutschen. Zwei Drittel erledigen ihren Job lustlos, das heißt:
Dienst nach Vorschrift – und jeder Sechste hat bereits innerlich
gekündigt. Nur 16 Prozent der Arbeitnehmer geben an, sich für
ihren Arbeitgeber wirklich ins Zeug zu legen. Im Vergleich mit
sechs anderen europäischen Ländern fühlen sich die Deutschen
am Arbeitsplatz am wenigsten wohl. Und den neuesten Daten
der Personalberatung *Kienbaum* zufolge rangiert Deutschland
im weltweiten Vergleich der Zufriedenheit am Arbeitsplatz bloß
im unteren Mittelfeld. Interessant: Die Daten von *Kienbaum* belegen sogar, dass die Zufriedenheit ausgerechnet im öffentlichen
Dienst am geringsten ist. Trotz Jobgarantie, geregelter Arbeitszei-
ten und fester Karriereverläufe.[20] Höchste Zeit also, dass sich was
ändert. Hören wir auf, unser Leben und unsere Schaffenskraft zu
vergeuden, und beginnen wir, das, was in uns liegt, Wirklichkeit
werden zu lassen.

Michael Ensser, Deutschland-Chef der Personalberatung
Egon Zehnder, die vor allem in der Vermittlung von Aufsichts-
räten und Vorständen größerer Unternehmen tätig ist, beschreibt
in einem Artikel für den *Harvard Business Manager*, was Freude
und Glück im Arbeits- und Lebensalltag ausmacht.[21] Es gehe darum, so Ensser, sich in seinem Leben und Tun zu verwirklichen.
Verwirklichen bedeutet, dass das, was mich ausmacht und in mir
ist, Wirklichkeit wird. Es geht also wieder um Potenzial und Position. In einer Welt, die zunehmend komplex, unübersichtlich
und schnelllebig ist, ist es wichtig, klare Prioritäten und strategische Akzente zu setzen. Das heißt, ich mache mir bewusst, was
mir wichtig ist und wohin ich will. Herausragende Menschen
zeichnet – wie alle Meister ihres Fachs – nicht nur handwerkli-
ches Können, sondern vor allem Leidenschaft für ihre Sache aus.

Sie brennen für ihr Anliegen, wollen etwas bewirken und übernehmen Verantwortung. Was wir brauchen und wonach wir uns sehnen, ist ein erfülltes Leben, im Beruf wie privat. Diejenigen, denen das gelingt, erfahren gerade dies als wichtige Inspirationsquelle für ihre Arbeit. Was uns deshalb letztendlich glücklich macht, so Ensser, ist die Übereinstimmung zwischen dem, was man ist, und dem, was man tut.

IV. MARATHON STATT ZWISCHENSPRINT

Hat sich was verändert?

Der Unterschied zwischen einem Sieger
und einem Verlierer ist, dass der Sieger immer wieder aufsteht,
nachdem er zu Fall gekommen ist.
Billy Graham

Wir sind schon weit gekommen, haben wichtige Fragen reflektiert, unser Leben umfassend in den Blick genommen und
begonnen, das in uns liegende Potenzial zu erkennen und mit
unserer Position in Einklang zu bringen. Erste Schritte aus dem
Hamsterrad sind gemacht – alleine schon dadurch, dass wir
uns einmal auf den Prüfstand gestellt haben. Vielleicht hat uns
das dazu geführt, dass wir Partnerschaft, Karriere, Hobbys oder
Freundschaften zukünftig stärker entwickeln wollen. Oder gar
zur Ausrichtung auf ganz neue Lebensziele. Die Frage ist nun,
wie wir die Veränderungen langfristig beibehalten können. Wie
bleiben wir dran?

Unser Leben ist wie eine Reise, auf die wir durch unsere Entscheidungen und unser Handeln Einfluss nehmen. Wir sind es,
die Richtung und Ziel bestimmen. Unsere Lebenssituation, wie
sie sich heute darstellt, ist nicht über Nacht entstanden, sondern
Ergebnis unserer Entscheidungen in der Vergangenheit. Das
Gleiche gilt für unsere Zukunft: Wir können den Lauf, den un-

ser Leben nimmt, verändern. Werden Sie zum Zukunftsgestalter! Dabei geht es immer um einen langfristigen Prozess, der Zeit braucht und Ausdauer erfordert. Dazu einige praktische Impulse, die uns helfen, den eingeschlagenen Weg weiterzuverfolgen und ans Ziel zu kommen. **Ziele und Wegpunkte schriftlich festhalten.** Wir denken und reden viel, aber schreiben hilft, konkret zu werden. Keine Romane oder langen Geschichten, sondern die wesentlichen Punkte, Wünsche und Ziele. Weiter oben war von einem weißen Blatt Papier die Rede, auf das wir unsere Antworten und Erkenntnisse notieren sollten. Diese Blätter können wir in einem Ordner sammeln, der uns zu einem Wegbegleiter wird. Oder wir beginnen ein Notiz- oder Tagebuch und schreiben darin auf, was uns bewegt und wichtig ist. Das schriftlich Festgehaltene ermöglicht uns, einen klaren Soll-Ist-Vergleich zu führen. Was sind meine notierten Wünsche und Ziele, und wo stehe ich heute? Welche Umsetzungsschritte habe ich mir vorgenommen, und wie sieht es einige Monate später tatsächlich damit aus?

Die Grafik Potenzial-Position als Modell zur persönlichen Reflexion nutzen. Immer wieder einmal können wir uns anhand dieser einfachen Matrix reflektieren und uns neu orten im Spannungsfeld zwischen Potenzial und Position. Wie habe ich meine Lebenssituation anfangs bewertet – und in welchem Feld bewege ich mich einige Monate oder sogar Jahre später? Wie kann der nächste Schritt aussehen?

Dadurch bleiben wir auf Kurs in Richtung „Leben". Interessant: Das lateinische Wort *matrix* bedeutet ursprünglich *Gebärmutter*. Wie in einer Gebärmutter neues Leben heranwächst, kann uns die Auseinandersetzung mit diesem Modell helfen, neues Leben im Sinn von mehr Qualität zu erschließen: Indem wir das, was wir sind, auch zunehmend tun.

Time-out-Phasen. Time-out – das englische Wort für *Auszeit* – ist ein Begriff aus dem Sport und bedeutet eine Unterbrechung des laufenden Spiels, die von einer Mannschaft in Anspruch genommen werden kann. Ein Time-out ist ein kompaktes Zeitfenster für die Spieler, um sich neu zu orientieren, die Taktik anzupassen und auf bestimmte Entwicklungen im Spielverlauf zu reagieren. Erinnern wir uns an den Bildhauer: Wie dieser immer wieder den Schritt zurück braucht, um das große Ganze seines Werkes zu begutachten, brauchen auch wir Auszeiten, um den gegenwärtigen Zustand und die laufenden Entwicklungen in unserem Leben zu überprüfen – zum Beispiel anhand unserer schriftlichen Notizen oder der Potenzial-Position-Grafik. Wir können diese Auszeiten als einen wichtigen „Termin mit uns selbst" im Kalender eintragen.

Ermutiger an der Seite haben! Gut, wenn man andere Menschen mit ins Boot holen kann. Den Partner, einen guten Freund, einen Mentor oder Coach. Wir brauchen den Blick und die Ermutigung von außen, manchmal auch den berühmten „Tritt in den Hintern", um auf dem Weg zu bleiben. Im Austausch mit einem Sparringspartner entstehen neue Ideen, der Blickwinkel weitet sich. Gemeinsam ist man stärker, und wenn man zusammen an einem Strang zieht, entwickelt man eine viel größere Wirksamkeit. Allein schon die Möglichkeit, reden zu können und verstanden zu werden, macht Mut und motiviert. Jemandem gegenüber Rechenschaft abzulegen über die eigene Entwicklung ist hilfreich, weil es uns in positivem Sinne in die Pflicht nimmt und für Korrekturen offenhält.

Auf die Ernährung achten. Nicht primär physisch, sondern mental und spirituell. Was nehme ich in mich auf? Welche Zeitschriften und Bücher lese ich, was und wie lange schaue ich fern, welche Art von Gesprächen führe ich? Mit welchem Typ von

Menschen verbringe ich meine Zeit – Adlern oder Hühnern?
Die Adler werden vom Fliegen schwärmen, für ein Huhn ist die
Grasnarbe das Universum. Unser Denken und Reden ist wie eine
Saat, die wir in unser Leben hineinsäen und die früher oder spä-
ter Frucht bringt. Deshalb ist eine positive und zuversichtliche
Grundeinstellung wichtig. All diese Aspekte wirken auf uns ein.
Wie beim Sport ist auch hier die Ernährung wichtig für Physis
und Kondition.

Ganzheitliche Veränderungen statt kosmetische Korrekturen.
Das Thema dieses Buches betrifft nicht weniger als unser ge-
samtes Leben. Es geht nicht um oberflächliche Methoden und
schnelle Rezepte, schon gar nicht um fertige Antworten oder *7
Schritte in ein besseres Leben*, sondern darum, in einen positiven,
persönlichen und kreativen Veränderungsprozess einzusteigen.
Das Ziel ist mehr Lebensqualität, Erfüllung und Wirksamkeit
aus der zunehmenden Übereinstimmung von Potenzial und
Position. Um das zu erreichen, braucht es einen ganzheitlichen
Blickwinkel, der unser Sein und Tun ins Auge fasst. Mit ober-
flächlichen Ansätzen und kosmetischen Korrekturen, die uns auf
halber Strecke stehen lassen, ist es nicht getan. Was hätte es Carsten Schloter genutzt, ihm in der Phase vor seinem Selbstmord
eine Optimierung seines Zeitmanagements zu empfehlen? Das
eigentliche Problem bliebe dadurch unberührt.

Es ist beides wichtig: das punktuelle Drehen an den operativen Stellschrauben des alltäglichen Lebens *und* der strategische
Blick aufs große Ganze; der Ausstieg aus dem äußeren *und* aus
dem inneren Hamsterrad; die Einflussnahme auf unser Umfeld
und auf unser Innenleben. Wir müssen die verschiedenen Ebenen unseres Lebens ansprechen, damit nachhaltige Veränderung
gelingt.

Dabei hilft ein Modell: Wie jeder Mensch aus Körper, Seele und Geist besteht, so brauchen wir einen dreifachen Ansatz, um unser Leben grundlegend positiv zu verändern. Die körperliche Ebene beschreibt kleine, konkrete Veränderungsschritte in unserer momentanen Lebenssituation: sich Time-out-Phasen schaffen, hin und wieder einmal bewusst früher vom Büro heimgehen, besser mit der Informationsflut per E-Mail oder sozialer Netzwerke umgehen, Sport treiben und auf die körperlichen Bedürfnisse achten oder ein neues Hobby beginnen.

Die seelische Ebene geht tiefer: Sie umfasst unsere Emotionen, unseren Willen und unseren Verstand, das Entdecken und Fördern unserer Träume, die persönliche Reflexion (etwa anhand der in diesem Buch gestellten Fragen). Dadurch heben wir die Schätze, die in uns liegen, bringen unser Potenzial ans Licht, um es zu begutachten und weiterzuentwickeln. Wichtig ist dabei, die seelische Ebene in einem weiteren Schritt mit der körperlichen zu verbinden, das heißt, die hier gewonnenen Erkenntnisse in konkrete Veränderungen umzusetzen.

Die dritte Ebene ist die geistliche. Hier geht es um die Erfüllung unseres Herzens und die Beantwortung unserer Fragen nach Identität, Selbstwert und Sicherheit. Auf der geistlichen Ebene werden wir von innen heraus gekräftigt, es eröffnen sich völlig neue Lebensperspektiven, unser ganzes Sein und Tun wird mit einer neuen Dynamik und Freude durchdrungen.

Geist, Seele und Körper – Erfüllung, Reflexion und Handeln – wirken zusammen, stärken und befruchten sich gegenseitig und führen in eine neue Lebensqualität.

Navigationshilfen zum Ziel

Wer im Leben kein Ziel hat, verläuft sich.

Abraham Lincoln

Erinnern Sie sich an die Zeiten, als wir noch ohne Navigationssystem im Auto unterwegs waren? Unzählige Nerven blieben damals buchstäblich auf der Strecke! Aus Erfahrung klug, unternahm man kaum eine Reise ohne vorherige Planung, ohne Landkarte und die zu fahrende Route zu studieren. Vor allem Ballungszentren brachten einen immer wieder an den Rand der Verzweiflung, wenn man sich in unbekanntem Gelände und bei massivem Verkehrsaufkommen hilflos und ausgeliefert fühlte. Heute ist das relativ einfach. Nachdem das Ziel ins Navi eingegeben ist, berechnet das System, ausgehend vom aktuellen Standort, die für uns beste Fahrtstrecke. Oft noch mit diversen Auswahlmöglichkeiten, zum Beispiel zwischen schnellster, kürzester und landschaftlich schönster Streckenführung. Gut, dass wir auf Reisen mit dem Auto so gut vorbereitet sind – wie viel mehr sollten wir das auch für die Reise unseres Lebens sein!

Unser Leben ist so vielen externen Einflussfaktoren ausgesetzt, dass die Wahrscheinlichkeit gering ist, ans gewünschte Ziel zu kommen, wenn wir nicht aktiv auf die Reiseroute Einfluss nehmen. Natürlich ist das Leben nicht so detailliert planbar wie ein Trip von Zürich nach Hamburg. Dafür ist es viel zu komplex, viele Entwicklungen sind nicht vorhersehbar, und manchmal machen Schicksalsschläge uns einen Strich durch die Rechnung. Deshalb gibt es auch keine allgemein gültigen Methoden und Rezepte. Um im Bild zu bleiben: Möglicherweise gibt es Baustellen oder Straßensperrungen, die Umwege erzwingen, oder Staus und Autopannen, die den Zeitplan durcheinanderbringen. Diese Dinge entziehen sich unserem Einfluss, gehören zum richtigen Leben und tragen irgendwie auch zu seinem Reiz bei. Was wir aber tun können ist, Ziel und Richtung zu definieren. Zum Beispiel anhand der in diesem Buch gestellten Fragen: Wohin will ich? Was ist mir wichtig? Mit welcher Geschwindigkeit möchte ich unterwegs sein? Welchen Preis bin ich bereit zu bezahlen? Indem wir uns diesen Fragen stellen und sie für uns persönlich beantworten, zeichnen wir eine Landkarte für unser Leben und entwickeln Navigationshilfen zum Ziel. Wir geben unserem Leben eine Richtung, setzen Eckpfeiler und Wegweiser, die uns auch und gerade in herausfordernden Zeiten auf Kurs halten. Mit dem Ziel, aus dem in uns liegenden Potenzial etwas zu machen, zu einer besseren Welt beizutragen, Glück und Erfüllung zu erleben. Und am Ende sagen zu können: Wir haben die Zeit genutzt, die uns zur Verfügung stand.

Jeder von uns ist auf einem Weg, der uns formt und reifer werden lässt. Ansichten, Erkenntnisse und Prioritäten können sich dabei verändern. Leben ist nicht statisch, sondern dynamisch und im Fluss. Auch gibt es unterschiedliche Lebensphasen mit entsprechenden Schwerpunkten, zum Beispiel die Phase unserer Kindheit, die großen Einfluss auf die Entwicklung unserer Persönlichkeit hat. Oder die Phase als junger Erwachsener, in welcher oft der Grundstein für Beruf und Familie gelegt wird. Dann die Phase als gereifte Persönlichkeit, in der die berufliche Karriere ihren Zenit erreicht, es nicht mehr primär um leisten und tun geht und man in eine zunehmende Souveränität und Gelassenheit hineinwachsen kann. Oder schließlich die Phase im letzten Viertel des Lebens, wenn sich die familiäre und berufliche Situation nochmals verändert, weil die Kinder aus dem Haus sind und die Karriere abgeschlossen ist, sich neue Freiräume erschließen und das Leben nun aus einem ganz anderen Blickwinkel betrachtet wird. Jede dieser Phasen hat ihre Berechtigung und ihren Platz im Leben. Eine Landkarte kann uns durch diese Phasen hindurch begleiten und dabei immer wieder neu justiert und an veränderte Rahmenbedingungen angepasst werden. Meine Frau Evi und ich haben uns vor einigen Jahren besonders mit unseren Lebenszielen auseinandergesetzt und eine sogenannte „Life-Map", also Lebens-Landkarte, für uns entworfen. Dabei haben wir uns folgende Fragen gestellt:

• Was ist unsere Vision – unser Bild von der Zukunft?
• Was ist unsere Strategie – wie könnte die Realisierung gelingen?
• Wo liegen unsere persönlichen Stärken?
• Was sind unsere Werte – sowohl unsere persönlichen Werte als auch unsere gemeinsamen Familien-Werte?

Wir haben uns eine ganze Zeit lang mit diesen Fragen beschäftigt und an den Antworten gefeilt. Dabei geht es nicht um Perfektion, sondern darum, Klarheit über die eigenen Vorstellungen zu gewinnen. Die Antworten dürfen sich entwickeln und können sich verändern. In unserem Fall versuchen wir, unsere Berufung zu entdecken und zu leben. Dazu gehört: Jeder Mensch braucht Ermutigung und Stärkung. Das ist Teil unserer persönlichen *Vision*. Evi und ich wollen uns in Menschen – vor allem auch solchen in verantwortlicher Position – investieren und dazu beitragen, dass jeder Einzelne ein möglichst erfolgreiches und erfüllendes Leben führt. Als *Bild der Zukunft* sahen wir vor uns ein Beziehungs-Netzwerk zu unterschiedlichsten Menschen aus unserer Zielgruppe, durch welches dieses Anliegen realisiert werden kann. Der erste Schritt einer *Strategie* wurde klar: Kontakte aufbauen und Beziehungen pflegen. Neben unseren persönlichen Stärken und Werten haben wir gemeinsame *Familien-Werte* definiert. Was ist uns

als Familie wichtig? Worauf wollen wir achthaben? Einige Beispiele: Es ist uns wichtig, immer wieder gemeinsame Zeit zum
Träumen, Spielen und Genießen zu haben. Deshalb planen wir
dafür regelmäßig Zeitfenster in unserem Kalender ein. Es ist uns
wichtig, unsere Fähigkeiten und Talente auszubauen. Deshalb
lesen wir gerne, versuchen, unseren Horizont zu erweitern und
in unseren Kindern die vorhandenen Begabungen zu fördern.
Bezüglich Finanzen ist uns wichtig, den Ball flach zu halten und
unser Herz nicht an materielle Dinge zu hängen. Deshalb passen
wir auf, nur Anschaffungen zu tätigen, die wir uns auch leisten
können und immer wieder bewusst Geld wegzugeben, indem wir
zum Beispiel gemeinnützige Projekte unterstützen. Wir wollen
körperlich fit sein und auf unser Gewicht aufpassen. Deshalb
achten wir auf die Ernährung (mit gelegentlichen Ausreißern)
und treiben Sport. Natürlich gelingt es nicht immer, alles umzusetzen. Es geht darum, für die verschiedenen Bereiche unseres
Lebens zu definieren, worauf es uns ankommt. Dadurch entsteht
ein einfaches Grundgerüst, entlang dessen wir unser Leben entwickeln können, und das uns hilft, uns immer wieder am er-
wünschten Soll-Zustand zu orientieren. Dieses Grundgerüst lässt
den notwendigen Freiraum für die Überraschungen des Lebens,
weil es nicht das „Was" vorgibt, sondern das „Wie" und „Warum"
klärt. Es setzt die Leitplanken auf unserem Lebensweg und hilft,
nicht von der Straße abzukommen.

Träume zu leben ist ein Langstreckenlauf, der Disziplin und
Ausdauer erfordert. Manchmal wäre das Leben leichter, wenn
man sich einfach treiben ließe. Aber das ist nicht, wozu wir geboren sind, und nichts, was uns dauerhaft befriedigt. Auf uns
wartet eine abenteuerliche Reise. Welchen Weg wir dabei genau
nehmen, wird detailliert erst im Rückblick klar. Der anfängliche
Routenplan mit grob skizzierten Leitlinien und Wegweisern füllt

sich mit Farbe und Details, wenn wir unterwegs sind. Während unsere Träume und deren Ausgestaltung unterschiedlich sind und der Weg zur Umsetzung von jedem individuell gegangen werden muss, gibt es bestimmte Merkmale und Meilensteine im Prozess, die sich in vielen Fällen wiederholen und daher so etwas wie ein Grundmuster bilden. Der amerikanische Autor Bruce Wilkinson schreibt darüber in seinem New-York-Times-Bestseller „The Dream Giver". Dieses Muster zeigt sich immer wieder unabhängig von der Größe des Traumes, egal, ob ich mein Leben völlig auf den Kopf stelle und ein neues Lebensziel verfolge, oder ob ich partiell an den Stellschrauben drehe, zum Beispiel, indem ich bestimmten Bedürfnissen mehr Raum geben und dafür ein neues Hobby aktivieren möchte. Der Prozess ist oft ähnlich und beginnt mit einer **Vision**, die uns herausfordert. Ein Veränderungswunsch, eine Sehnsucht oder ein Bild der Zukunft entsteht in uns, bricht quasi unsere Komfortzone auf und weist uns den Weg in etwas Neues. Träume sind also **Grenzüberschreiter**, die sich nicht mit dem momentanen Zustand zufrieden geben, sondern uns motivieren, unser Leben und unseren Aktionsradius um eine bestimmte Dimension zu erweitern. Sie rütteln am Status quo und verlangen nach Veränderung. Wenn wir uns dann aufmachen, diese Veränderung zu gestalten, kann es sein, dass wir auf **Stopp-Schilder** treffen. Das können Menschen sein, die uns aufhalten wollen. „Du kannst das nicht" oder „Das haben wir noch nie so gemacht" sind typische Stopp-Schilder. Oder Zukunftsängste: „Darf ich das?", „Kann ich das?", „Was, wenn ich scheitere ...?" Was oft folgt, sobald die Stopp-Schilder überwunden sind, ist eine Zeit der **Wüstenwanderung**. Es geht um einen langfristigen Prozess, und die Realisierung, vor allem bei größeren Visionen, braucht Zeit. Meist dauert es länger, als man denkt. Deshalb ist es so wichtig, Freunde und Mutmacher an seiner Seite zu haben und nicht aufzugeben! Die Wüste ist übrigens auch von Nutzen: Muskeln und Kondition werden gestärkt. Manchmal werden wir auch von **Riesen** nicht verschont. Riesen sind riesige Widerstände, zum Beispiel Menschen, die gegen uns arbeiten, unüberwindbar erscheinende Hindernisse, evtl. die Frage nach der finanziellen Versorgung oder ein schwieriges Ereignis wie eine Kündigung, eine Erkrankung oder ein Unfall. Für die Überwindung von Riesen gibt es ein klassisches Beispiel: David gegen Goliath. Was braucht es dazu? Mut und Gottvertrauen. Alle genannten Faktoren sind Etappen auf dem Weg zu unserem Traum, der sich Schritt für Schritt verwirklicht, oft ohne seine Realisierung gleich zu erkennen. Meistens kostet es einen Preis, und oft braucht es seine Zeit. Deshalb ist es gut, sich dessen im Voraus bewusst zu sein. Nur wer durchhält, kommt ans Ziel, und wir wollen unsere Träume nicht nur beginnen, sondern sie auch vollenden.

Martin Luther King hat mit seinem Leben einen Unterschied in dieser Welt gemacht. Er hat einen Traum gelebt und Veränderung bewirkt. Insbesondere durch seinen Einsatz ist die amerikanische Bürgerrechtsbewegung zu einer Massenbewegung geworden, der es gelang, die Rassentrennung gesetzlich aufzuheben und auch der schwarzen Bevölkerung der US-Südstaaten das uneingeschränkte Wahlrecht zu sichern. Schon als Kind litt King unter der diskriminierenden Trennung der Menschen nach ihrer Hautfarbe. In ihm wuchs ein Traum, der zu seiner berühmtesten Rede führte: „Ich habe einen Traum ... dass meine vier kleinen Kinder eines Tages in einer Nation leben werden, in der man sie nicht nach ihrer Hautfarbe, sondern nach ihrem Charakter beurteilt." Dieser Traum setzte ihn in Bewegung, ein Leben zu führen, das nicht leicht war, aber letztendlich dazu führte, dass ein ganzes Land verändert wurde. Dieser Traum mobilisierte Hunderttausende von Menschen, sich ihm anzuschließen und sich für eine bessere Gesellschaft einzusetzen. Auf seinem Weg erfuhr er Widerstand, Ablehnung und Anfeindung. Erfolge stellten sich nicht sofort ein, sondern erst nach vielen Jahren großer Hingabe, während der teuerste Preis noch darauf wartete, bezahlt zu werden: sein eigenes Leben. Er stellte dieses Leben in den Dienst einer größeren Sache. Deshalb spricht man heute noch von ihm.

Wir sind nicht alle Martin Luther King, aber wir haben alle Träume. Diese Träume warten darauf, realisiert zu werden, und es liegt in unserer Hand, ob sie zum Leben erwachen oder eines Tages mit uns auf dem Friedhof beerdigt werden.

5 gute Gründe, warum es sich lohnt, am Ball zu bleiben

1. Warum nicht besser leben?

Die in uns wohnenden Träume weisen den Weg in ein besseres Leben. Besser im Sinn von größer, originaler und zufriedener. Unser Leben wird größer, weil die Träume in uns eine Aufforderung sind, unser Leben auszuweiten, über bisherige Grenzen zu gehen, Neues zu wagen. Selbst ein kleiner Veränderungsschritt bringt uns einen Schritt voran. Unser Leben wird originaler, weil wir unserer Persönlichkeit Raum verschaffen, uns selbst ernst nehmen und uns dadurch auch weniger verbiegen müssen – was wiederum dazu führt, dass wir unser Profil schärfen. Uniformität wird durch Originalität ersetzt. Dies alles führt uns in mehr Zufriedenheit. Wohlgemerkt: Unser Leben wird nicht unbedingt leichter, aber wir kommen in eine höhere Übereinstimmung von Sein und Tun, das macht uns wirksamer und zufriedener. In jedem unserer Lebensbereiche wie Beruf, Ehe und Familie gibt es Luft nach oben, und es wäre schade, dieses Potenzial nicht zu nutzen.

2. Wenn wir's nicht tun, tut's keiner!

Ich feuere Sie an, mehr aus Ihrem Leben zu machen! Nicht, weil ich es besser weiß oder besser kann – wir sitzen alle im gleichen Boot und sind in ähnlichen Herausforderungen unterwegs –, sondern weil mir zunehmend bewusst wird, wie wertvoll jeder Mensch und jedes Leben ist. Denken wir noch einmal an den Friedhof und die dort unerfüllt begrabenen Träume und Lebenspläne. Wer hätte es in der Hand gehabt, daran etwas zu ändern? Vor allem jeder Einzelne selbst. Jeder ist für sein Leben verantwortlich, und diese Eigenverantwortung können wir nicht delegieren. Vielleicht sind wir nicht für alles in unserer Vergangenheit verantwortlich, in jedem Fall aber dafür, wie wir heute mit unserem Leben umgehen und die vor uns liegende Zeit gestalten. Das in uns liegende Potenzial wartet darauf, entdeckt und gelebt zu werden! Jedes Unternehmen ist darauf bedacht, die vorhandenen Ressourcen und Möglichkeiten zu nutzen, um damit gute Geschäfte zu machen. Kein Mensch käme auf die Idee, Geld oder wertvollen Schmuck einfach wegzuschmeißen. Wie viel mehr sollten wir uns selbst wertschätzen, unser Leben positiv verändern und tatkräftig gestalten.

3. Weil wir noch einmal beginnen können

Viele Menschen hatten früher einmal Träume und Vorstellungen für ihr Leben, die sich nicht realisieren ließen, und haben deshalb frustriert aufgegeben. Enttäuschung und Passivität sind wie ein Stück Land, in dem man sich schleichend niederlässt, aus dem man aber auch wieder heraustreten kann. Andere wünschen sich positive Veränderung, schaffen aber den Einstieg nicht. Weil Veränderung ein Prozess ist, geht es immer um kleine Schritte von da, wo wir heute sind, in die Richtung unseres Ziels. Es ist immer das Gleiche: Wir werden nicht ins Paradies hineingeboren, sondern haben mit Umständen zu tun, die der Gestaltung und Entwicklung bedürfen. Veränderung geschieht immer und ausschließlich durch uns und beginnt mit unserer Einstellung, unseren Gedanken und Worten, unseren Entscheidungen und unserem Verhalten. Egal, was bisher war: Wir können noch einmal beginnen. Es ist nicht zu spät.

4. Unser Umfeld profitiert, wenn wir unsere Träume leben

Jeder von uns ist wie ein Stein, der ins Wasser fällt und seine Kreise zieht. Wir nehmen Einfluss auf unser Umfeld, das heißt, auf die Menschen um uns herum. Ob uns dies bewusst ist oder nicht und unabhängig von unserer gesellschaftlichen oder beruflichen Position, gibt es immer Leute, die wir beeinflussen und die auf uns schauen. Diese Menschen in unserer Umgebung profitieren doppelt: Erstens dient mehr Zufriedenheit und Wirksamkeit nicht nur uns, sondern auch den anderen. Wir leben und arbeiten lieber mit einem glücklichen Menschen, als mit jemandem, der innerlich unzufrieden ist. So geht es unserer Familie, unseren Freunden und Kollegen auch mit uns. Wenn wir zudem auch noch effektiver werden in dem, was wir tun, erreichen wir mehr mit unserem Einsatz. Zweitens brauchen Menschen Modelle. Vorbilder sind gefragt, an denen man sich orientieren kann. Wenn wir nicht aufgeben und uns nicht entmutigen lassen, werden wir zu einer wichtigen Inspiration und Ermutigung für andere.

5. Am Ende zählt, was übrig bleibt!

Auf der Reise unseres Lebens haben wir bereits ein gutes Stück hinter uns gebracht. Zeit, die unwiderruflich vergangen ist. Auch nach vorne ist das Tempo hoch. Die Tage, Wochen und Monate vergehen wie im Flug. Ob wir das wollen oder nicht – wir bewegen uns hin auf das Ende unseres Lebens. Wie unser Resümee dann einmal ausfallen wird, entscheidet sich heute. Der Grundstein dafür, ob wir zufrieden auf ein erfülltes Leben schauen oder nicht, wird jetzt gelegt. Mich beeindrucken Menschen, die – trotz aller Höhen und Tiefen, die das Leben bietet – zum Ende hin sagen können: Es war gut. Nicht immer leicht, nicht fehlerfrei, aber ich bin meinen Überzeugungen gefolgt, habe die Prioritäten richtig gesetzt und aus den Möglichkeiten etwas gemacht. Erfülltes Leben beginnt mit unseren Träumen, und wirklich erfolgreich werden wir dann sein, wenn uns nicht nur Teilbereiche, sondern unser ganzes Leben gelingt. Was ist unser Vermächtnis? Was bleibt von uns, und was bleibt uns?

Aus dem Leben gegriffen V
Mein Leben – meine Ziele

Dr. Siegfried H. Buchholz, geboren 1930, war fast vierzig Jahre in der Wirtschaft tätig, davon 18 Jahre als Vorstand in großen Unternehmen. Für den Chemiekonzern BASF war er u. a. Vizepräsident in den USA und Generaldirektor in Österreich, später Vorstandsvorsitzender der Constantia Industrieholding. Er ist verheiratet und Vater von drei Söhnen. Im Blick auf sein ereignisreiches Leben beschreibt Siegfried Buchholz, was ihm wirklich wichtig geworden ist.

Als vor einiger Zeit der Aufsichtsratsvorsitzende von *Pepsi Cola* seinen Platz im Aufsichtsrat abgab, fragte ihn ein Journalist: „Halten Sie sich für alt?" Darauf die Antwort: „Solange ich mehr Visionen als Erinnerungen habe, bin ich nicht alt!" In dieser Antwort kommt eine Denkweise zum Ausdruck, die mich mein Leben lang begleitet hat. Ich kann nur dann wirklich leben, wenn ich eine lebendige Perspektive habe. Weil ich die Zukunft nicht kenne und trotzdem schnell fahren möchte, muss ich Fernlicht einschalten, damit ich die Schlaglöcher auf der Straße früh genug sehen kann. Außerdem sind auf der Autobahn des Lebens die Weggabelungen besonders schlecht beleuchtet. Und es sind die falschen Abfahrten, die ich vermeiden möchte. Diese Perspektive muss laufend mit Energie versorgt werden, weil sie sich immer wieder mit Widerständen auseinandersetzen muss. Meine Lebensperspektive hat sich nie dem Zeitgeist angepasst und keine falschen Werte akzeptiert. Besonders Führungskräfte müssen sich da hin und wieder selbst den Puls fühlen und fragen, ob ihr

Kompass noch stimmt. Leider tun das nicht sehr viele. Sie sind
viel zu beschäftigt, um darüber nachzudenken, was sie antreibt,
was sie erreichen wollen und welchen Preis sie dafür bezahlen.
Als Managementberater frage ich hin und wieder Manager,
wie sie sich selbst erleben und welchen Prioritäten sie nachjagen.
Natürlich habe ich mich auch selbst gefragt, wie ich zu dem geworden bin, was ich bin. Nach meiner eigenen – natürlich sub-
jektiven – Einschätzung hat dabei Folgendes eine Rolle gespielt:

- Ich habe – jeweils für längere Zeit – in drei Ländern gelebt
  und gearbeitet. Das war für mich Verlust und Gewinn: Verloren habe ich das konventionelle Gefühl für „Heimat", gewonnen habe ich einen neuen Zugang zu meiner ewigen Heimat.
  Konsequenz: Meine Mobilität hat mich positiv strapaziert und
  meine Überlebensfähigkeit gestärkt.
- Ich bin sehr neugierig und habe einen ausgeprägten Abenteu-
  ergeist, muss allerdings aufpassen, dass ich meinen Fokus nicht
  aus den Augen verliere.
- Ich lese sehr viel, auch unterwegs, auf Reisen.
- Ich bin nicht autoritätsgläubig und weitgehend angstfrei.
- Ich bin geistig und geistlich ein „Grenzgänger", d. h., ich versuche oft herauszufinden, „was gerade noch geht", bin experi-
  mentierfreudig, muss allerdings aufpassen, dass ich das Ange-
  fangene auch umsetze.
- Ich habe gelernt, dass es wichtig ist, für den eigenen Lebens-
  und Karriereweg Landkarten zu haben. Dazu braucht es meines Erachtens zwei Fähigkeiten: sich jederzeit schnell eine
  qualifizierte Meinung bilden zu können, um dann einen Sach-
  verhalt oder einen Menschen richtig beurteilen zu können.
- Ich bin in entscheidenden Phasen meines Lebens oft zur richtigen Zeit am richtigen Ort gewesen und habe immer wieder

Hilfe von einflussreichen Menschen erfahren, bin allerdings immer noch dabei, ein besserer Netzwerker zu werden.
- Ich verfüge über ein gewisses Maß an emotionaler Intelligenz und bin mehr menschen- als aufgabenorientiert, muss aber hin und wieder neu lernen, dabei die richtige Balance zu halten.
- Ich kann oft schnell Zusammenhänge erkennen und beschreiben, muss allerdings darauf achten, nicht überheblich zu wirken.

Meine wichtigsten Erfolgskriterien sind jedoch Beziehungen:
- Ich habe eine persönliche, liebende Beziehung zu Gott und habe sein Eingreifen in mein Leben oft erlebt.
- Ich bin mit einer wunderbaren Frau verheiratet, die mich ergänzt und liebevoll konstruktiv kritisiert. Ich bin ihr sehr dankbar, dass sie meine Stärken und Schwächen geduldig erträgt.

Meine tägliche Kommunikation mit Gott und mit meiner Frau haben mir oft geholfen, wichtige Dinge richtig zu machen.

Von diesen „Erfolgskriterien" wurden mir circa zwei Drittel von Gott geschenkt (z. B. als Begabung), ein Drittel habe ich mir selbst angeeignet. Bei dessen Praktizierung bin ich natürlich immer wieder auf Gottes Hilfe angewiesen. Ich habe gelernt, dass Gottes Gaben auch Auf-Gaben sind. Und ich muss mich auch immer wieder daran erinnern, dass es zwischen Gott und mir eine Art von „Arbeitsteilung" gibt: Ich soll nicht das versuchen zu tun, was nur ER tun kann – und ER wird das nicht tun, was ich tun kann. So einfach ist das.

Als ich am Ende meines Studiums begann, mir Ziele zu setzen, waren die meisten davon Luftschlösser. Ich wollte „etwas vom Leben haben" und hatte noch keine Ahnung, dass der bei Weitem größte Teil aller gesetzten Ziele nie erreicht wird. Ziele können nur dann erreicht werden, wenn sie klar formuliert sind

(Soll-Ist-Vergleich), wenn sie tatsächlich erreichbar sind und wenn ihr Erreichen befriedigt.

Das Nächste, was ich lernen musste, war die Wichtigkeit einer gut überlegten Zielauswahl: Prioritäten! Prioritäten regeln qualitativ, nicht quantitativ, und sind besonders wichtig in bedrohlichen Konfliktsituationen. Wenn meine Familie mir wichtiger ist als mein Beruf, dann heißt das nicht, dass ich mehr Familienzeit als Berufszeit einplane. Ich habe auch gelernt, dass das wichtigste Wort bei der Prioritätensetzung das Wort NEIN ist: NEIN heißt, dass ich das eine opfern muss, um das andere zu erreichen. Ich erinnere mich noch sehr gut an den Tag, an dem ich das gelernt habe. Als Vizepräsident der amerikanischen *BASF*-Tochter war ich oft unterwegs. Als ich eines Abends spät nach Hause kam, lag ein kleiner Zettel auf meinem Nachttisch, auf dem mein damals sechs Jahre alter Sohn mir offensichtlich eine Botschaft übermitteln wollte, sie hieß: „Stay at home Pappi" (Bleib zu Hause, Papa). Ich habe diesen Zettel zusammen mit seinem Bild eingerahmt, es steht seit jener Zeit immer auf meinem Schreibtisch. An diesem Abend habe ich noch lange allein im Wohnzimmer gesessen – und geweint. In den folgenden Tagen habe ich dann meinen Terminkalender „saniert" und alles herausgeworfen, was nicht wirklich wichtig war. Ich habe später immer wieder mal gelernt, dass viele zum Teil hoch bezahlte Manager kein gutes Zeitmanagement haben. Wie gesagt: Alles beginnt mit dem einfachen Wort NEIN.

Ziele haben keinen besonderen Wert, wenn man sie nicht umsetzt. Vor einigen Jahren hatte das amerikanische *Fortune-Magazine* ein besonderes Titelthema: „Why they failed" (Warum sie versagten). Da waren Bilder, Namen und Firmen von 38 Topmanagern abgebildet, die alle ihren Stuhl räumen mussten: Chefs von *General Motors*, *IBM*, *American Airlines* und viele andere Vorstandsvorsitzende der besten Firmen der *FORTUNE 100*-Liste. Berater hatten dabei nach dem berühmten „roten Faden" gesucht: Was haben die alle falsch gemacht? Und sie fanden diesen „roten Faden": mangelnde Umsetzung wichtiger Erkenntnisse! Diese Leute hatten die Gewitterwolken am Horizont zwar erkannt, aber nicht darauf reagiert. Außerdem hielten sie sich alle für nicht ersetzbar. Intelligenz schützt also nicht vor Dummheit.

Ziele umsetzen ist harte Arbeit, besonders dann, wenn ich nicht alle möglichen Wege benutzen darf, sie zu erreichen. Auf zwei Aspekte bei der Zielsetzung habe ich immer großen Wert gelegt:

• Qualitative Ziele sind oft wichtiger als quantitative Ziele, ein schlussendlich fairer Soll-Ist-Vergleich setzt aber voraus, dass ich die qualitativen Ziele quantifizierbar gemacht habe.

• Es gibt richtige und falsche Zielerreichung. Der Erfolg von Managern beruht auf der von ihnen erzielten Rendite. Gute finanzielle Ergebnisse kann ich aber auf zwei ganz verschiedenen Wegen erreichen: Entweder durch Zähler-Management oder durch Nenner-Management. Zähler-Management heißt: bessere Ressourcennutzung, härter und innovativer arbeiten. Nenner verkleinern heißt: Kosten senken, Ressourcen verkleinern. Gute Manager betreiben Zähler-Management, die anderen betreiben Nenner-Management – um der Börse schnell zu gefallen. Als Manager musste ich mir immer wieder die Frage stellen: Von was trenne ich mich, wenn ich Mitarbeiter entlasse? Von Ballast oder von wertvollem Humankapital?

Ich darf noch einmal auf das bereits erwähnte Thema der Selbsteinschätzung zurückkommen: Wer bin ich? Was will ich? Was kann ich? Ziele umsetzen ist Managerarbeit, Ziele entwerfen und formulieren ist Führungsarbeit. Diese Gegenüberstellung ist pla-

kativ formuliert, trifft aber den Kern. Ich hatte in meinem Be-
rufsleben zwölf verschiedene Chefs, nur drei davon waren Führer,
alle anderen waren Manager, einer war lediglich Verwalter. Das
Rollenverständnis meines Vorgesetzten bestimmt jedoch meine
Spielregeln: Hamsterrad, Haifischbecken oder Vogelkäfig. Selbst
wenn ich das Hamsterrad als ausgebrannter Hamster verlasse,
bin ich immer noch ein Hamster. Hier ist das Problem nicht das
Verlassen des Hamsterrades, sondern das Ablegen meiner Rolle
als Hamster. Das kann ein Befreiungsschlag sein, z. B. eine neue
Sinnfindung. Gefährlicher ist das Leben im Haifischbecken: Hier
bin ich ein leckeres Ziel für andere – mit Ablaufdatum. Ich habe
dann das Becken verlassen, um zu überleben. Problem: ein neues
Becken ohne Haifische finden. Der Vogelkäfig ist für viele Menschen der Normalzustand – solange ich meinen Auftrag ausführe
(Musik liefern), werde ich gut bezahlt (gefüttert). Das Verlassen
des Käfigs aber wäre das Ende: arbeitslos, kein Futter. Ich habe
alle drei Arbeitswelten kennengelernt.

Mein Leben im Hamsterrad dauerte nicht sehr lange, weil es
mir gelang, eine gute Beziehung zu meinem Chef aufzubauen
und ihn davon zu überzeugen, dass mein Gehalt für die Arbeit im
Hamsterrad zu hoch ist. Mein Leben im Haifischbecken ging nur
deshalb ohne Tod aus, weil Gott mir geholfen hat, genug Mut und
Fantasie zu entwickeln, es zunächst auszuhalten und dann recht-
zeitig zu beenden. Im Vogelkäfig habe ich nie gelebt, weil es mir als
Kanarienvogel zu langweilig war. Ich bin dafür einfach nicht musikalisch genug und mag Käfige mit Vollpension überhaupt nicht.

Wer im Beruf und im Privatleben erfolgreich sein will,
braucht drei Ressourcen: eine ergiebige Energiequelle, gelungene
Beziehungen und einen intakten Selbstwert. Das alles lernt man
nicht in der (Hoch-)Schule. Zunächst einmal ist es wichtig, sich
selbst klarzumachen, wie der eigene Energiehaushalt aussieht.

Dazu muss ich mir Klarheit darüber verschaffen, ob ich auf eine Energiekrise zusteuere: Ich schreibe mir die Namen derjenigen fünf Menschen auf, mit denen ich jeden Tag die meiste Zeit verbringe – im Beruf und im Privatleben. Dann schreibe ich dazu, wer von ihnen mir Energie gibt und wer mich Energie kostet. Ist die Zahl der Energieräuber größer als die Zahl der Energiespender, lebe ich in einer gefährlichen Energiemangel-Situation. Ich muss dann entweder die Zeit-Bilanz mit diesen fünf Menschen ändern oder mich um eine bessere Energieversorgung kümmern.

Eine wichtige und ergiebige Energiequelle ist täglich erlebter Sinn im persönlichen Leben und Handeln. Sinn ist die Bedeutung, die ich meinem Leben gebe. Das kann z. B. geschehen,

- indem ich mich an einem größeren Ganzen orientiere. Ich mache mir klar, dass es über mir noch etwas Größeres geben muss als mich. Hier setzt z. B. der Glaube an den Gott der Bibel an.
- indem ich meine eigenen Potenziale weiter ausbaue und entwickle, z. B. Kreativität, Wissen oder auch Leistung.
- indem ich an traditionellen Ordnungen und Werten festhalte, am Bewährten und Gewohnten.

Ich selbst habe den Sinn meines Lebens gefunden, als ich Jesus Christus begegnete und etwas entdeckte, das ich vorher nie für möglich gehalten hätte: dass der Gott, der die Welt gemacht hat, mich persönlich kennt und liebt. Diese Liebesbeziehung mit Gott kann ich dann auch an andere Menschen weitergeben – weil ER mich liebt, kann ich andere lieben. Ganz praktisch bedeutet das, dass die Zusammenarbeit mit Menschen (die auch von Gott geliebt sind) für mich (fast) immer sinnvoll ist. Viel Geld zu verdienen oder Aktionäre reich zu machen ist interessant und betriebswirtschaftlich wichtig – aber sicher nicht sinnvoll. Den Unterschied macht die betreffende Beziehung: mein Unternehmen *benutzt* mich, mein Schöpfer *bewertet* mich, und bei dieser Bewertung wird Sinn mitgeliefert. Ein sich durch alle Bereiche meines Lebens durchziehendes Erfolgskriterium sind gelungene Beziehungen. Ein Mensch, dem sein ganzes Leben gelingt (beruflich und privat), ist in der Regel immer jemand, dessen Beziehungen gelungen sind. Wir leben in einer Beziehungswelt: Lebenserfolg ist Beziehungserfolg. Der Gesamterfolg eines Menschen lässt sich deshalb vor allem zurückführen auf seine emotionale Intelligenz (EQ), nicht auf seine kognitive Intelligenz (IQ). Und emotionale Intelligenz ist größtenteils Beziehungsmanagement. Leider haben die Eliteschulen das noch nicht begriffen.

Meine persönliche Beziehung zu Gott hat mir diejenigen wichtigen Ressourcen gegeben, die ich als Führungskraft im Beruf brauchte. Das heißt ganz praktisch: Christen sind keine besseren Menschen – sie sind nur besser dran. Sie haben mehr Ressourcen zu ihrer Verfügung als Menschen, die Gott nicht kennen. Meine Führungsarbeit in verschiedenen, zum Teil sehr großen Unternehmen wurde entscheidend durch diese mir von Gott geschenkten Ressourcen beeinflusst.

Mit welchen Ressourcen können nun Menschen arbeiten, die mit Christus leben?

• Christen haben sich freiwillig an eine höchste Autorität gebunden und können (erst dadurch) persönlich akzeptabel Autorität für andere sein, sie manipulieren nicht mehr.

• Christen ist ihre persönliche Schuld vergeben worden, sie haben dadurch zu echtem persönlichem Frieden gefunden. Sie können deshalb produktiver sein und brauchen sich nicht mehr so intensiv mit sich selbst zu beschäftigen.

• Christen können sich persönlich als wertvoll akzeptieren und brauchen sich nicht mehr laufend vor sich selbst und anderen

zu beweisen. Sie können Kritik annehmen, ohne zurückzu-
schlagen.
• Christen wurden befähigt zu wahrer Nächstenliebe und haben
erst dadurch Zugang zur wichtigsten Befähigung gefunden –
zur Menschenführung. Liebe gibt immer Führungsenergie.
• Christen haben keine Zukunftsangst und damit mehr Kraft
und Energie zur kreativen Gestaltung von Gegenwart und Zukunft.

Nach einem Vortrag auf einem Führungskongress, bei dem ich
diese fünf Ressourcen erklärt hatte, interviewte mich hinterher
eine Redakteurin der Zeitschrift *CAPITAL* zwei Stunden lang
und wollte genau wissen, woher ich den Mut finde, so etwas zu
behaupten. In einem bald darauf folgenden längeren Artikel im
CAPITAL wurden diese fünf Ressourcen dann aufgelistet, allerdings wurde ein wichtiges Adjektiv ausgetauscht: aus „christlich"
wurde „religiös".

Die wichtigste Basis allen Lebenserfolgs ist für mich ein in-
takter Selbstwert. Mein persönlicher Selbstwert beruht auf zwei
wichtigen Tatsachen:
• Zum einen darauf, dass Gott mich gewollt hat. Ich bin nicht
das biologische Produkt aus der Ehe meiner Eltern, schon gar
nicht das Endprodukt einer Evolutionskette. Es gibt mich, weil
der Schöpfer der Welt mich beabsichtigte und mich bereits im
Mutterleib gestaltete.
• Zusätzlich beruht mein Selbstwert auch darauf, dass Gott einen
hohen Preis für mich bezahlt hat. Der Tod von Jesus Christus
am Kreuz hat mir einen hohen Wert gegeben, eine Würde, die
mir niemand nehmen kann.

Ich hatte das große Glück, in meinem Leben einige wunderbare
Menschen persönlich kennenzulernen, von denen ich Wichtiges
gelernt habe:

- Von Peter Drucker habe ich gelernt, einfach, klar und fokussiert zu denken. Er war Christ. Als er in einem Interview einmal gefragt wurde: „Warum leben Sie mit Christus?", antwortete er: „Simple, it's the best deal!" (Das ist einfach das Beste!)
- Von Billy Graham habe ich gelernt, öffentlich klar und engagiert über meinen Glauben zu reden. Persönliches Engagement überzeugt mehr als sachliche Information.
- Von Al McDonald, dem früheren obersten McKinsey-Chef, habe ich gelernt, dass brillanter menschlicher Geist und Heiliger Geist gut zusammenpassen. Denken steht dem Glauben nicht im Wege. Sein kindlich-einfacher Glaube hat mich immer sehr berührt.

Es war für mich immer aufbauend und belebend, Menschen kennenzulernen, die geistig „doppelt" begabt sind – mit menschlichem Geist und mit Heiligem Geist. Die genannten Persönlichkeiten gehören zu dieser kleinen Gruppe. Wo immer sie auftauchen und wirken, befreien und inspirieren sie, weil sie sich nicht an die Spielregeln der Ego-Gesellschaft halten. Sie haben mich auf besondere Weise geprägt.

- Als ich im Alter von 64 Jahren das Angebot bekam, Vorstandsvorsitzender einer internationalen Firmengruppe mit einem Umsatz von über einer Milliarde Euro zu werden, konnte ich das nur als ein Geschenk Gottes einordnen. Denn mit eigener Kraft und eigener Leistung erreicht man so etwas nicht.
- Ich habe aber auch hier, in der letzten Runde meiner „Vollberufszeit", wieder etwas gelernt, das mir Gott schon früher bei anderen größeren Aufgaben gezeigt hatte: Zu seinen Gaben gehören in der Regel auch Aufgaben. Auf der Karriereleiter weiter oben traf ich immer wieder Leute im Topmanagement, denen ich etwas von Jesus Christus erzählen konnte und die mir nur zuhörten, weil wir auf Augenhöhe miteinander umgingen.

Im Kontrast dazu musste ich mich eine Zeit lang jedoch immer wieder mit dem Vorwurf einiger „korrekter" Leute auseinandersetzen, dass ich Probleme hätte, mich von Macht und Geld zu verabschieden. Ich bin jedoch heute – etwa 20 Jahre später – immer noch der Meinung, dass es das Leben verlängern kann und spannend erhält, wenn man sich auch im Alter neuen Herausforderungen stellt – natürlich dem Alter angepasst. Der Begriff „Pensionierung" ist in kleinen Portionen leichter mit auf den Lebensweg zu nehmen, wenn man ihn nicht mit „Stillstand" verwechselt.

Ein für mich sehr wichtiger Lernprozess spielt sich seit geraumer Zeit in meiner Familie ab. Diejenigen Werte, die ich meinen drei Söhnen vor circa zwanzig Jahren mit auf den Weg gegeben habe, kommen bei unseren Gesprächen über die Berufswelt von heute auf den Prüfstand. Meine Söhne konfrontieren mich mit der Frage: Bei dir in deiner Welt war das ja damals deutlich einfacher – wie würdest du deinen Führungsauftrag denn heute ausüben? Dieser ehrliche Austausch, die liebevolle gegenseitige Kritik und das einander Ermutigen und Korrigieren bedeuten mir sehr viel. 55 Jahre nach meinem Start in den Beruf ist die Arbeitswelt heute viel fordernder, härter und komplexer geworden. Ich verstehe beim Austausch mit meinen Söhnen dann immer wieder ganz neu, dass damit auch ihr Glaube an Christus fester und bewusster sein muss als meiner damals. Dieses immer wieder neue voneinander Lernen und einander Ermutigen ist für mich eine der kostbarsten Erfahrungen in der letzten Phase meines Lebens.

Zum Abschluss: Die beste Zeit ist heute!

Gerade habe ich mir den Trailer eines Filmes angeschaut: *Up* (Oben), ein mehrfach ausgezeichneter Film der Pixar Animation Studios und der Walt Disney Company. In diesem Film geht es um ein Paar, Ellie und Carl, dessen größter Traum es ist, einmal nach Südamerika zu reisen und die Paradiesfälle zu besuchen. Sie sind gerade frisch verliebt, jung verheiratet und starten in eine rosige Zukunft voller Pläne und Erwartungen. Das Leben liegt vor ihnen, in aller Fülle und mit allen Möglichkeiten. Nachdem sie ein baufälliges altes Haus liebevoll renoviert haben, machen sie es zu einem romantischen Zuhause voller Zweisamkeit, Tänze und Träume. Beim gemeinsamen Picknicken, während sie auf der Wiese liegen, schauen sie in die Wolken und malen sich ihre Zukunft aus. Bald beginnen sie, in einer Spardose das Geld für ihren Traum zu sammeln. Das große Ziel lässt sie jeden Cent beisammenhalten.

Immer wieder aber durchkreuzen Zwischenfälle ihre Pläne und zwingen die beiden, das für ihre Reise angesparte Geld anderweitig zu investieren. Einmal muss das Auto repariert werden, ein anderes Mal das Haus, dann sorgt ein gebrochenes Bein für eine berufliche Zwangspause und fehlendes Einkommen. Doch jedes Mal beginnen die beiden von Neuem, für ihren Traum zu sparen.

Tag um Tag vergeht, die Jahreszeiten ziehen vorüber, und Carl und Ellie werden älter. Liebevoll einander zugetan, erfüllen sie treu die täglichen Pflichten des Lebens, gehen arbeiten, pflegen den Garten, putzen das Haus, und immer wieder gibt es Abschnitte im Film, in denen sie tanzend und einander umarmend ihren Träumen nachhängen. Eines Tages, als Carl beim Hausputz ein Gemälde der Paradiesfälle wieder ins Auge sticht – das seit den Tagen ihrer Hochzeit als Erinnerung an ihren Traum im Wohnzimmer über dem Kamin aufgemalt ist – und er dabei auf seine Frau und sich sieht, wird ihm bewusst, wie schnell die Zeit verflogen ist. Langsam, aber sicher sind sie zu alt, um ihr Vorhaben noch zu realisieren. Da wächst in ihm eine neue Entschlossenheit, und im nächstgelegenen Reisebüro bucht er zwei Tickets. Reiseziel: Südamerika. Beim nächsten Picknick würde er seine Frau damit überraschen. Auf dem Weg dorthin, wieder am angestammten Platz auf dem Hügel unter dem großen Baum, dort, wo sie schon immer gesessen und geträumt hatten, bricht Ellie plötzlich zusammen. Das Leben neigt sich schneller als gedacht.

Im Krankenhaus, am Bett seiner große Liebe, mit der er sein Leben zusammen verbracht und geträumt hat, steht Carl nun mit den Flugtickets in der Hand. Es ist die letzte gemeinsame Szene der beiden. Ellie gibt Carl ihr „Abenteuer-Buch" zurück, in das sie all die Jahre ihre gemeinsamen Träume und Pläne notiert hat, nach all der Zeit dick gefüllt, und streichelt ihm über die vom Alter gefurchte Wange. Eine letzte Umarmung, ein letzter Kuss … das nächste Bild zeigt die Beerdigung, auf der Carl mit Ballon und Tickets einsam zurückbleibt. Die Kirche ist gefüllt mit bunten Luftballons, und durch die hohen Fenster scheinen die letzten Strahlen der untergehenden Sonne.

Ein Kritiker schreibt: „Dieser Film lässt uns höchstes Glück und tiefste Trauer empfinden. Vielleicht ist es noch nie zuvor einem Film gelungen, den Zuschauern das Tempo, mit dem das Leben dahinrast und dabei viele unerfüllte Träume zurücklässt, so eindringlich spüren zu lassen."

Ich sitze an meinem Schreibtisch, während ich diese Worte niederschreibe. Draußen ist ein herrlicher Frühlingstag. Die Sonne scheint, es weht ein sanfter Wind, und überall riecht es geradezu nach neuem Leben. Alles sprießt und wächst, und den munter zwitschernden Vögeln ist die Lust am bevorstehenden Sommer anzuhören. Die vielschichtigen Grüntöne der frischen Blätter und die farbenfrohen Blüten an Pflanzen und Bäumen faszinieren mich. Die Natur ist einfach großartig – wie oft bin ich blind für diese täglichen Wunder. Das alles sieht schon durch mein Bürofenster betrachtet grandios aus. Wie schön wäre es, jetzt draußen zu sein! Eigentlich wollte ich noch laufen gehen. Ich liebe es, durch Wald und Wiesen zu joggen und dabei Kopf und Herz durchzulüften. Vor der Türe höre ich meine Kinder aufgeregt miteinander diskutieren – sie drängen mich schon seit einigen Tagen, ihnen endlich den kürzlich gekauften Sandkasten zusammenzubauen, der originalverpackt darauf wartet, in Betrieb genommen zu werden. Und gerade hat meine Frau kurz durch den Türspalt gewunken. Wäre doch schön, zusammen einen Espresso zu trinken ... Ich werde jetzt rausgehen. Das Leben ein bisschen genießen.

Die Uhr unseres Lebens läuft. Es ist Zeit für einen neuen Anfang.

Anmerkungen

01 Umair Haque. *Der Weg zu einem erfüllten Leben*. Artikel in Harvard Business Manager. www.harvardbusinessmanager.de/meinungen/artikel/a-825418.html. 05.04.2012.

02 Bruno Bozzetto. Leben in einer Schachtel, Italien 1967.

03 Christensen. Der Sinn des Lebens. HBM Heft 01/2011.

04 Eugene O´Kelly. Chasing Daylight: How my forthcoming death transformed my life. New York 2005.

05 Michael Schmitz. „Was will ich?". brand eins 10/2011.

06 Die Welt. *Tod eines Topmanagers*. Artikel vom 25.08.2013. Ausgabe 34, Seite 4.

07 Die Welt. *Zehntausende verstecken Depression vor dem Chef*. Artikel vom 17.03.2013. http://www.welt.de/114509375.

08 FAZ. *Mehr Fehltage wegen psychischer Erkrankungen*. Artikel vom 12.06.2012. http://www.faz.net/aktuell/beruf-chance/verdopplung-seit-2000-mehr-fehltage-wegen-psychischer-erkrankungen-11783272.html.

09 Stephan Grünewald. Die erschöpfte Gesellschaft, Campus Verlag, Frankfurt 2013, Seite 82f.

10 *Die Interviews des Carsten Schloter*. Artikel in der Handelszeitung. www.handelszeitung.ch., 24.07.2013.

11 brand eins. Ausgabe 04/2014, Schwerpunkt Konzentration.

12 Arbeit oder Leben? Boris Groysberg und Robin Abrahams. Harvard Business Manager. Ausgabe April 2014.

13 Die Zeit der Einzelkämpfer ist vorbei. Interview mit Gerald Hüther. http://blog.derbund.ch/berufung/index.php/1892/die-zeit-der-einzelkaempfer-ist-vorbei/. 15.06.2013.

14 Bruno Frey. Ein Ferrari macht nicht lange glücklich. FAZ.NET 23.12.2008.

15 Human Development Report 2013. 14.03.2013. UNDP.

16 http://www.handelsblatt.com/panorama/aus-aller-welt/gallup-umfrage-wo-die-gluecklichsten-menschen-leben/7546084.html#image. 14.04.2014.

17 http://de.wikipedia.org/wiki/Vergebung_(Psychologie). 14.04.2014.

18 The Focus Magazine. 01/2013, Egon Zehnder.

19 Bruno Bozzetto. Freedom. http://www.youtube.com/watch?v=sScmvnEkWpE.

20 *So wollen wir arbeiten.* Artikel aus Die Zeit, Nr. 15/2014. 03. April 2014.

21 Leidenschaft ausleben. Michael Ensser. HBM, April 2014.

Erfolgsfaktor
Integrität

Johannes Grassl/Claude R. Schmutz
Erfolgsfaktor Integrität
Wie wir Wirtschaft und
Gesellschaft erneuern können

Paperback, 160 Seiten
ISBN 978-3-86506-683-1

Integrität ist die Basis für vertrauensvolle
Beziehungen im privaten wie im beruflichen
Leben. Integre Persönlichkeit sagen, was sie
denken und tun, was sie sagen. Aber wer kann
es sich leisten, unbestechlich, rechtschaffen
und sich selbst treu – mit einem Wort:
integer zu bleiben? In ihrer kompakten, leicht
nachvollziehbaren Darstellung zeigen die
Autoren durch zahlreiche ermutigende Beispiele
einen Weg auf, wie wir diesen Zustand (zurück-)
erlangen können.

Brendow.
Verlag | Alles, was Sinn macht!

Die Geschichte der Zukunft

Erik Händeler
Die Geschichte der Zukunft
10., aktualisierte Auflage

Gebunden
480 Seiten
ISBN 978-3-87067-963-7

„Erstmals wird hier beschrieben, wie sich in
den vergleichbaren Situationen der vergangenen
250 Jahre alle Lebensbereiche im Rhythmus
der Kondratieffwellen entwickelten – bis hin
zu dem heutigen Veränderungsdruck. Händeler
beschreibt, was sich in den Schulen, in der
Arbeitswelt, in der Gesundheitspolitik und im
gegenseitigen Umgang ändern sollte, um neue
Perspektiven zu gewinnen."
Prof. Dr. Dieter Grosser

Brendow.
Verlag | Alles, was Sinn macht!